한동현 대표님께

자신처럼 앓으로도 세상
사람들에게 긍정적 영향력
끼쳐 주세요 ^^

저자 정철승 dream

2020. 4. 24.

KB132025

아보카도 **심리학**

까칠하고 연약해 보여도
중심은 단단하게

아보카도 심리학

정철상 지음

21세기북스

까칠하고 연약해 보여도
중심은 단단하게

"아보카도를 좋아하나요?"

이 질문에 당신은 어떻게 대답할 것인가? 물론 기호의 편차는 있겠으나, 만약 당신이 밀레니얼세대라면 "좋아한다"고 답할 사람이 많으리라. 아보카도는 요즘 특히 유행하는 과일이다. 특별히 튀는 맛이 없이 담백하지만 그 덕분에 어떤 음식과도 잘 어울린다. 최근에는 '아보카도 명란 덮밥' '아보카도 샌드위치' 등 다양한 음식에 식재료로 사용되면서 밀레니얼세대에게 유난히 사랑받고 있다.

그래서일까. 아보카도는 어딘가 밀레니얼세대를 떠올리게 하는 부분이 있다. 아보카도를 살펴보면 껍질은 울퉁불퉁하고 거칠며, 과육은 물렁하고 연약하다. 반면 아보카도의 가장 중심에 있는 씨앗은 단단하고 강하다. 밀레니얼세대도 이와 비슷하다. 겉으로 보기에는 까칠해서 다가가기 힘들고 무슨 생각을 하는지 잘 모르겠다. 한편으로는 너무 여리고 연약해서 쉽게 상처받는 것처럼 보인다. 그렇다면 그 중심은 어떨까. 그들의 마음도 아보카도 씨앗처럼 단단할까?

나는 대학에서 강의를 하며 주기적으로 학생들을 만난다. 커리어코칭을 업으로 삼고 있기에 사회에 막 발을 내딛는 학생들과 누구보다도 많은 이야기를 나누고 그들의 고민을 듣는다. 20대를 바라보는 어른들은 모두 '눈부시다, 부럽다, 좋을 때다'라고 말하지만, 정작 내가 만난 그들의 마음은 흔들리고 불안하며 우울한 감정에 휩싸인 경우가 많았다.

이제껏 해 왔던 대로 그들의 적성에 맞춰 진로를 찾고 취업을 준비하는 데 도움을 주려고 해도 그것조차 쉽지 않았다. 적성과 진로를 파악하는 데서부터 막히기 때문이었다. 자신이 무엇을 하고 싶은지, 무엇을 좋아하는지, 무엇에 재능이 있는지 모르는 사람이 대부분이었다.

이대로는 안 되겠다는 생각이 들었다. 밀레니얼세대는 지금까지 봐 온 그 어떤 세대와도 다르다는 것을 인정하고, 이들에게 맞는 코칭 방법을 찾아야 했다.

나만의 가치를 찾아가는 여정

아보카도를 바라보는 시선은 밀레니얼세대와 기성세대 간의 가치관의 차이를 보여 준다. 기성세대에게 아보카도는 그저 비싸거나 혹은 낯선 음식에 불과하다. 하지만 밀레니얼세대는 아보카도를 사랑한다. 아보카도 샌드위치를 먹기 위해 기꺼이 1만 원이 넘는 돈을 지불한다. 한편으로 아보카도를 키우는 데 물이 너무 많이 필요해 환경 보호에 좋지 않다는 사실이 알려지고 난 후에는, 맛 좋고 영양가 높은 아보카도를 무척이나 사랑하지만 환경 보호를 위해서 포기해야 할지 고민하기도 한다. 자신이 추구하는 공공의 가치를 위해 좋아하는 것을 포기하는 것도 밀레니얼의 가치인 것이다.

철 지난 세대론을 펼치려는 것은 아니다. 다만, 이 가치관에 대한 접근은 현재 90년대생들의 고민을 해결하는 데 중요한 열쇠다. 자신이 좋아하는 과일에 대해서는 이렇게 분명하게 파악하고 있으면서, 나 자신을 설명하는 것에는 서툰 것이 요즘 20대라는 생각이 들었다. 자신이 좋아하는 것에 이렇게 깊이 파고들 수 있다면, 자신이 사랑하는 것을 찾기만 하면 누구보다 열정적으로 폭발할 수 있는 가능성이 숨어 있는 게 아닐까?

그렇게 생각하자 답이 보였다. 결국 '나 자신'부터 시작하는 것이다. 내가 만난 대부분의 학생들은 '자기가 누구인지, 무엇을 하고 싶은지, 어떻게 살 것인지' 잘 몰랐다. 그래서는 인생이라는 경주에서 출발도 제대로 할 수 없다. 이 경주를 무사히 마치기 위해서는 전속력으로 달리기 전에 한 가지 준비 운동을 꼭 해야 한다. 자신의 내면을 살펴보는 과정이다. 내면을 들여다본다는 것은 출발점을 돌아보는 행위이자 동시에 목적지를 탐구하는 중요한 통과 의례다. 자신의 과거와 현재 모습을 꼼꼼히 되돌아보고 스스로를 이해함으로써 타인과 이 세상을 이해하며 삶에 대한 통제력을 키워나갈 수 있다.

삶의 통찰을 이끌어 내는 심리학의 힘

'나는 무엇을 원하는가?' '내 마음은 왜 이렇게 요동치는 것일까?' '내 성격은 왜 이 모양일까?' '나는 왜 이렇게 불안한 걸까?' '도대체 사람들은 어떤 생각을 가지고 살아갈까?' '어떻게 살아야 할 것인가?' '내 삶의 목적은 무엇인가?' 등등. 이 수많은 질문들은 결국 '나는 누구인가'라는 단 하나의 질문으로 귀결된다.

이 책에서는 자신의 내면을 찾아가는 과정을 통해 스스로를 자신을 이해하고 타인을 이해함으로써 성숙한 자아를 만들어 나가는 첫걸음을 제시하고자 한다. 궁극적으로는 인간 내면의 힘을 발견해 자신을 믿고, 자기 역량을 계발해 스스로의 한계에 도전하는 용기를 주고자 함이다.

이를 위해 심리학을 적극 활용했다. 정체성 확립, 타인의 이해, 사회·경제·경영·부의 흐름 등 중요한 삶의 맥락도 모두 심리학을 통해 설명할 수 있다. 그래서 나는 각종 심리학 이론을 배우고, 200여 권의 심리학 책도 읽으며 상담 현장에서 수많은 경험을 쌓았다. 그리고 겉으로는 까칠하고 연약해 보이지만 중심은 단단한 아보카도처럼, 내면의 힘을 발견함으로써 마음을 단단하게 무장하고 결국 자신이 바라는 삶을 살길 바라는 심정으로 '아보카도 심리학'이라는 이름을 붙였다.

딱 10년 전 『심리학이 청춘에게 묻다』를 출간해 당시 20대들의 고민을 함께 풀어 나갔다. 이 책은 『심리학이 청춘에게 묻다』에서 제시한 심리학적 통찰과, 그 후 10여 년 동안 축적한 내 경험을 더해 새롭게 쓴 것이다. 또한 교육 현장에서 만난 상담자들의 생생한 이야기, 내가 걸어 온 삶에서 배운 교훈과 반성, 그리고 그 내면의 부끄러운 고백도 담겨 있다.

우리는 누구나 자신의 치부를 감추려고 한다. 하지만 결국 철저한 자기반성만이 삶의 통찰을 이끌어 낸다는 것은 만고의 진리가 아닐까.

무한한 믿음과 사랑을 준 어머니와 든든한 지지자인 아내 미정, 삶의 기쁨을 알려 준 아들 준영이와 눈부시게 성장하는 유진 공주에게 감사를 전한다. 부족한 글을 세상에 내놓게 도와 준 21세기북스 출판사와 이지연 기획자에게도 이 자리를 빌려 감사를 전한다.

이제 사회로 첫 발을 내딛으려는 청춘에게, 그리고 나처럼 철들지 않아 고생하고 있을 수많은 '어른 아이'들에게 이 책을 바친다.

2020년, 인간 내면의 선한 의지를 믿는

검재 정철상

차례

그림자 심리학 : 내 안의 또 다른 나

성격 심리학 : 사람의 마음을 읽는 방법

Chapter 6

선택 심리학 : 삶의 기로에서 흔들리지 않는 법

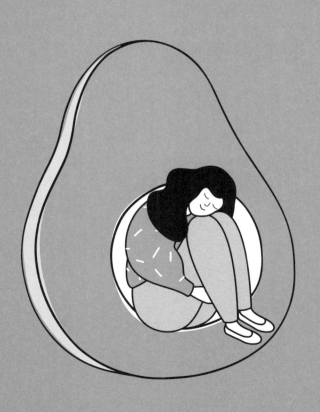

Chapter 1

아보카도 심리학 :
단단한 마음을 위한 자기 탐구

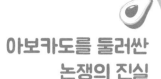

아보카도를 둘러싼
논쟁의 진실

옛말에 '티끌 모아 태산'이라는 말이 있다. 아무리 작은 것이라도 조금씩 쌓이면 나중에 큰 결과가 나타난다는 말로, 주로 저축이나 노력의 중요성을 강조할 때 쓰이는 속담이다. 요즘 이 말에 공감하는 사람이 얼마나 있을까?

몇 년 전 호주에서 한 유명 칼럼니스트가 신문에 "청년들이 아보카도 브런치를 매일 먹는 돈만 아껴도 집을 마련할 수 있을 것"이라는 글을 써서 논란이 된 적 있다. 집값이 너무 비싸 집을 못 산다는 밀레니얼세대의 불만은 핑계라는 것이다.

이 칼럼에 대해 청년들은 크게 반발했다. 시드니 시내 평균 집값 계약금은 아보카도 샌드위치 5,000개의 가격과 같고, 무려 48년간 주말 브런치를 포기해야 시드니에 집 하나를 살 수 있는 계약금을 마련할 수 있다고 비판했다. 아보카도 샌드위치를 둘러싼 세대 논쟁이 불붙은 것이다.

일명 '아보카도 논쟁'으로 상징되는 밀레니얼세대와 기성세대 간의 갈등은 단지 호주만의 문제가 아니다. 국제노동기구(ILO)가 2017년에 밝힌 자료에 따르면 전 세계 청년실업률이 13.1%로 사상 최고 수준에 육박했다. 게다가 고령화 사회로 청년이 취업하기 쉬운 일본조차 정작 밀레니얼세대를 위한 좋은 일자리는 부족하다. 좋은 일자리가 없으니 한 회사에 정착하지 못하고, 프리터족이 청년 취업자의 절반 이상을 차지하고 있다.

우리나라도 예외는 아니다. 대학 등록금 1,000만 원 시대가 열린 지 오래다. 게다가 청년 실업자 수는 수년째 100만 명을 넘어섰다. 국가적으로도 어려운 상황이지만 개인적으로도 진퇴양난의 상황이다. 그나마 최저 시급이 올라 나아졌다고는 해도 좋은 직장 들어가긴 더 어려워져 프리터 족으로 살아가는 청년들도 많다.

그러다 보니 일부 기성세대들은 '밀레니얼은 가장 무능한

세대'라고 비난하기도 한다. 어렵고 힘든 일은 하려고 하지 않으면서, 명품을 사고 비싼 음식을 먹기 위해 돈을 낭비한다는 것이다. 정말 그럴까?

우리가 무기력에 빠지는 이유

우연히 한 20대 취업 준비생에게 그녀의 친구 이야기를 들을 기회가 있었다.

"친구는 만화가가 되겠다는 확고한 꿈을 가지고 있었어요. 그래서 더 좋은 대학을 갈 수 있음에도 만화학과가 있는 전문대학에 들어갔죠. 그런데 어찌된 일인지 이 친구가 졸업한 후 다시 한 4년제 대학교의 세무학과에 들어가더니, 얼마 뒤 세무 공무원이 됐다는 거예요."

이런 이야기를 들으면 한편으로는 이해가 안 가고, 또 한편으로는 이해가 간다. 꿈을 접었다 펼쳤다 우왕좌왕하는 모습이야말로 오늘날의 밀레니얼세대가 처한 현실을 잘 보여주고 있다는 생각이 들어서다. 꿈을 접으면서까지 안정적인 일자리를 찾으려 애쓰는 이 시대 청춘들의 삶이란 얼마나 고달픈가.

실제로 오늘날의 청년 실업은 단순히 한 개인의 무능력 탓으로 돌리기에는 구조적인 문제와도 연관이 깊다. 일을 하고 싶어도 좋은 일자리 자체가 현저히 모자라고 취업문은 나날이 높아지니, 고급 인력조차 번번이 고배를 마시는 게 오늘날의 현실이다. 한 취업 컨설턴트는 명문대 학생들조차 9급 공무원 시험에 매달리고 있을 정도라고 한탄한다. 그만큼 일자리가 줄어든 탓이다.

신자유주의 경제 체제 아래에서 무한 성장만 할 것처럼 보였던 대한민국의 성장 신화도 경제 위기가 닥치자 균열을 일으키며 무너져 내렸다. 그럼에도 사회는 청년 실업을 한 개인의 잘못으로 치부하며 면죄부 찾기에 급급하다. 조언이라고는 그저 눈높이를 낮추고 더 열심히 살라는 게 전부다. 하지만 밀레니얼세대는 이렇게 되묻는다.

"우리는 주말에도 도서관에 나와서 공부를 해요. 도대체 얼마나 더 열심히 준비해야 합니까? 눈높이를 낮춰 지원하라고 해서 그렇게 했어요. 그러자 최저 시급 수준의 일자리밖에 없습니다. 그러면서 수준 높은 영어 실력에 제2외국어까지 요구하면 어떻게 해야 하나요? 반대로 눈을 돌려 생산직에 지원했더니 이번에는 '오래 일하지 못할 것 같다'고 거부하기 일쑤예요. 도대체 어느 장단에 춤을 추라는 겁니까?"

일하고 싶어도 일할 곳을 찾지 못하는 상황은 밀레니얼세대가 무기력에 빠질 수밖에 없게 만든다. 취업시장에서 반복적인 좌절을 경험한 청년들은 자신을 무능력하다고 느끼고, 더는 아무것도 성취할 수 없다는 생각에 빠지는 것이다. 이러한 사회적 상황 때문에 발생한 무기력증이 밀레니얼세대를 잠식하면, 그것은 결국 우리 사회의 발전을 저해하는 사회적 문제가 될 것이다.

작지만 반복적인 성취 경험을 만들어라

나 역시 직업 전문가로 살아온 지난 20여 년간 이 정도로 청년들에게 상황이 불리하게 돌아가는 건 처음이다. 게다가 갈수록 고용 상황이 악화되고 있는 현실에 안타까운 마음이 일렁인다.

이미 수많은 좌절을 경험한 밀레니얼세대는 더는 "열심히 하라"는 말을 믿지 않는다. 열심히 해도 결국은 안 된다는 실패를 학습했기 때문이다. 이들은 점점 더 도전하기를 주저하고 꿈을 가지지 않으려 한다.

이런 학생들이 상담을 요청해 오면 나는 대책 없이 "그래도 꿈을 가지고 노력해야 한다"고 선뜻 말하지 못한다. 내가 아니라도 수많은 미디어와 사회가 그렇게 이야기하고 있기 때문이다. 그래서 대신 지금 당장 실천할 수 있는 방법이 없는지 고민했다.

밀레니얼세대는 집은 살 수는 없었지만 아보카도를 살 수 있었다. 소소해도 지금 당장 확실한 행복을 얻을 수 있는 가치를 찾은 것이다. 아보카도는 나만의 가치다. 누구나 인정하는 큰 성공은 아니더라도 나에게는 기꺼이 돈을 쓸 가치를 가진 아보카도처럼 '작은 성취'를 꾸준히 만들어야 한다는 말이다.

무엇이든 마음먹은 대로 되지 않을 때가 있을 것이다. 자신이 아무것도 아닌 것처럼 느껴질 수도 있다. 이때는 무리하지 말고 가장 쉽게 할 수 있는 한 가지 일을 집중적으로 해 보자. '한 달에 10만 원 모으기' '한 달에 책 세 권 읽기' '일주일에 운동 3회 하기'처럼 누군가에겐 쉬운 일이라도 괜찮다. 아무리 작은 성취라도 그 경험이 반복되면 '유능감'이 학습된다. 적어도 지금 밀레니얼세대를 좀먹고 있는 사회적 무기력에서 벗어나 '나도 할 수 있다'는 자신감이 생기는 것이다. 잘 안 되더라도 그것을 시도하고 부딪쳐본 경험이 남아 나의 자산이 된다.

시작은 조금 더뎌도 좋다. 중요한 건 포기하지 않고 꾸준하게 나아가며 '자기 것'을 만드는 일이다. 누가 뭐라고 해도 자신이 해야만 하는 과업을 꾸준하게 이어나가며 자기만의 색깔을 찾아보자.

심리학+

#학습된 무기력

극복할 수 없는 부정적인 상황에 지속적으로 노출되면서, 비슷한 상황이 발생할 경우 어떠한 시도나 노력도 결과를 바꿀 수 없다고 여기며 무기력 해지는 현상. 새로운 상황에 대한 학습 능력이 저해되며, 심하면 우울증 과 불안이 고조돼 결과적으로 정서 장애를 유발한다.

넌 도대체
꿈이 뭐니?

많은 신입생들이 대학교에 입학하며 겪는 고민이 하나 있다. 바로 '목표 의식 상실'이다. 막상 대학생이 돼 꿈꾸던 자유를 얻어도 생각보다 행복감이 크지 않은 것이다. 오히려 무한대의 선택 앞에 놓이다 보니 무엇을 어떻게 해야 할지 몰라 우왕좌왕 세월만 보내는 대학생들도 많다. 고등학생 때야 원하든 원치 않든 수능이라는 목표가 있었다. 그런데 대학교에 와서는 그런 목표조차 사라져버리니, 지도 없는 길을 혼자 걸어가야 한다는 기분이 드는 것도 어찌 보면 당연하리라.

설령 목표가 있다는 학생을 봐도 부모님이 만들어 주거나 막연한 목표를 따르는 경우가 많다. 뚜렷한 비전을 가진 학생은 일부분이다. 그러다 보니 많은 학생들이 학점이나 과제 같은 단기 목표에만 매달린다. 좀 더 멀리 내다보며 세워야 할 인생의 사명 같은 건 떠올릴 겨를조차 없다. 막상 꿈과 비전을 세워보려 해도 막막한 경우가 많다. 이런 경우, 사람들은 다른 무리를 따라 그들의 행동을 모방하는 경향이 있다.

곤충학자 앙리 파브르의 『곤충기』를 보면 목적 없이 무리를 따라다니다가 굶어 죽는 하루살이 이야기가 나온다. 하루살이는 먹이가 바로 코앞에 있는데도, 앞선 무리를 따라 아무런 목적 없이 허우적거리며 부화뇌동 살아간다. 그러고는 결국 죽음을 맞이한다. 사람 중에도 하루살이처럼 '사는 게 뭐 있느냐'며 한가로이 살아가다 삶을 마감하는 사람들이 많다.

또 다른 부류의 사람들은 아프리카에 사는 스프링복처럼 정신없이 뛰어다니며 바쁘기만 하다. 스프링복은 한 마리가 다른 무리보다 빨리 풀을 먹으려고 뛰기 시작하면 너도나도 뛰기 시작한다. 그러다 나중에는 무엇 때문에 뛰는지도 잊어버리고 뛰기만 하다가 벼랑 끝에 다다라 멈추지 못하고 거의 몰살된다고 한다. 이런 모습은 정신없이 바쁜 현대인의 모습을 잘 보여준다. 오로지 스펙을 쌓거나 돈을 벌거나 승진과 이직, 혹은 창업과 경영에 몰두하며 타인으로부터 인정받으려 조금도 쉴 틈 없이 바쁘게 움직이는 모습 말이다.

이런 두 모습에도 공통점이 있으니 바로 목적이 없다는 점이다. 하루살이나 스프링복처럼 허망하게 사라지지 않으려면 삶의 의미를 단단하게 재정립해야 한다.

할 일이 있는 사람은 좌절하지 않는다

『죽음의 수용소에서』를 저술한 심리학자 빅터 프랭클은 제2차 세계대전 당시, 단지 유대인이라는 이유만으로 아우슈비츠 강제 수용소에 감금됐다. 자유를 완벽히 박탈당하고 언제 죽을지도 모르는 혹독한 환경이었지만, 그 속에서도 그는 살아야 할 의미를 찾아냈다.

그는 "인간도 추위와 굶주림에 놓이면 누구나 개와 돼지같이 될 것"이라고 한 프로이트의 주장에 정면으로 반박했다. "프로이트는 나치 강제 수용소에 있어보지 않았기에 인간 내면의 깊이를 결코 이해할 수 없다"고. 어떤 열악한 상황에서도 삶의 태도를 선택하는 건 환경이 아니라 어디까지나 개인의 선택, 즉 '자유 의지'라는 것이다.

빅터 프랭클은 강제 수용소에서 살아남은 생존자들의 공통점을 찾기로 결심하고 혹독한 수용소 생활 속에서도 인간의 삶을 연구했다. 그리고 자신의 경험과 오랜 연구 끝에 생존자의 가장 중요한 요건은 '미래에 대한 확고한 비전'임을 깨달았다. 그의 연구에 의하면, 혹독한 환경에서 살아남은 사람들은 대부분 살아남아 이뤄야 할 사명과 해야만 하는 일이 있다는 강력한 확신을 품고 있었다.

빅터 프랭클은 강제 수용소라는 최악의 환경 속에서 따뜻한 집과 가족, 재산, 지위, 신체적 자유, 나아가 평생의 연구 자료와 사회적 지위까지, 그가 누려왔던 모든 것을 박탈당했다. 그럼에도 그는 오히려 인간에 대한 증오심보다는 인간의 숭고함을 발견해 내며 인본주의 심리학자로 거듭났다. 또한, 강제 수용소에서 살아남아 정신적으로 고통받는 사람들에게 삶의 의미를 부여하고, 마음의 병을 근본적으로 치료하는 의미치료(Logotherapy)의 창시자가 됐다.

마음의 사슬에 묶이지 않는 법

지금 이 순간, 뭔가를 할 힘이 없다는 무력감이 드는가? 사실 당신은 그렇게 무력하지 않다. 인간에게는 기본적으로 자신이 직면한 역경을 딛고 일어설 무한한 힘과 놀라운 능력이 내재돼 있다. 단지 그것을 너무 오래 사용하지 않아서 의구심이 들 뿐이다.

서커스단에서는 코끼리를 길들이기 위해 어릴 때부터 단단한 말뚝에 옴짝달싹 못하게 매어둔다. 그러면 어린 코끼리가 자라 몸집이 집채만 해지고 몸무게가 1톤에 이를 만큼 성장해도 여전히 그 작은 사슬을 끊으려 들지 않는다. 어린 시절 아무리 발버둥쳐도 벗어날 수 없었던 경험을 통해 자신의 한계를 스스로 정해버리기 때문이다. 결국 물리적 사슬이 아닌 마음의 사슬에 묶여 평생을 살아가게 된다.

사람도 마찬가지다. 자신에게 잠재된 능력을 믿지 못하고 몇 번의 실수나 실패에 연연함으로써, 스스로에게 끔찍한 사슬을 휘감아 버리는 실수를 범한다.

마음의 사슬에 묶이지 않는 방법은 하나다. 생명력 있는 비전을 품고 끊임없이 마음의 사슬에서 벗어나려는 도전을 해야만 한다. 정체된 비전이 아닌 생명력 있는 비전을 가진 사람은 원대한 사명을 이룬다. 그 생명력은 시간이 흘러도 살아남기 마련이다.

스스로 어떤 사람이 되고 싶은지, 다른 사람들로부터 어떻게 기억되고 싶은지, 세상에 어떤 기여를 하고 싶은지 고민해 보자. 그런 진지한 사색을 바탕으로 내 삶에 의미를 채워보자. 가슴 뛰는 비전으로 삶에 생명력을 불어넣을 때, 그 어떤 강력한 사슬도 더 이상 우리를 묶어두지 못할 것이다.

심리학+

#심적 상실

자기 자신의 가능성에 대한 상실, 미래를 위한 계획의 포기, 희망의 소멸 등 개인의 능력이나 자신감, 소망 등을 잃어버리는 것. 사춘기에 현실을 자각하면서 겪기 시작해 성인기에 이를수록 더 커질 수 있다.

하고 싶은 일과
잘할 수 있는 일

　　한 국립 대학교 졸업생들과 1박 2일 동안 취업 캠프를 진행한 적이 있었다. 그때 강의와 함께 개별 상담도 진행했다. 그중에 밝고 씩씩해 보이는 한 학생이 있었다. 외모나 말, 행동으로만 보면 굉장히 당찬 성격으로 보였다. 그녀는 4학년 2학기를 다니고 있었는데, 웬일인지 취업 준비에서만큼은 평소의 당찬 모습과 다르게 위축돼 있었다.

　　사연을 들어보니 그녀는 '취업이야 대학 졸업하면 다 되는 것 아닌가' 하는 생각으로 대학 생활을 편하게 했다고 한다. 그러다가 현실을 깨닫고 나니 당장 어디로 가야 할지 막막해진 것이다. 게다가 최근에 교수님으로부터 영업직 추천을 받고는 '나는 적성에 맞지도 않는 영업직밖에 갈 수 없나?' 하는 생각에 자괴감이 들어 슬펐다고 한다.

그런데 막상 다른 취업 자리를 알아보니 자격 조건이 만만치 않았다. 그녀는 학점도, 토익도, 자격증도, 공모전도, 대외 활동도, 사회 경험도, 봉사 활동도, 취업 준비도 거의 전무했다. "아니, 왜 이렇게 준비를 안 한 거예요?"라고 물으니 연예인 K 군의 팬클럽 회원으로 활동하느라 다른 것을 할 여력이 없었다고 한다. "영화 ○○○에 나왔던 조연 배우 말하는 겁니까?" 했더니 조연이 아니라 주연이었다고 버럭 화를 낸다.

그녀는 연예인 K 군의 팬 카페 책임자였다. 행사가 있으면 빠지지 않고 지원을 나갔고, 극성스러울 정도로 팬클럽 활동을 왕성하게 했다고 한다. 그런데 그렇게 씩씩하던 그녀가 내 앞에서 갑자기 눈물을 흘리기 시작했다. 돌이켜보니 아무것도 해놓은 게 없는 자기 처지가 안타깝단다.

힘들어하는 그녀를 위로해줬다. 그런 다음 좋아하는 일은 뭔지, 잘하는 일은 뭔지, 하고 싶은 일은 뭔지 물어봤다. 그런데 모르겠단다. 그렇다면 일단은 추천을 받았던 영업직부터 시작해 보는 건 어떻겠느냐고 권했다. 영업직 자체는 나쁜 게 아니고 오히려 배울 점도 많다며, 전혀 생각지도 않았던 영업직을 하게 됐던 나의 경험담도 덧붙였다. 일단 영업직을 해 보면서 진로를 모색해 보자고 조언했다.

어떤 어른들은 이런 학생들의 이야기를 들으면 "연예인 꽁무니만 따라다니니 그렇지"라고 혀를 찰지도 모른다. 그러나 그녀는 사색하는 깊이도 있고, 사회의식이나 지적 성숙도도 높았다. 다만 '사회가 어떻게 돌아가는지, 앞으로 어떤 일을 하며 살아가야 자신이 만족하며 살아갈 수 있을지, 직업 세계와 자신의 접점은 무엇인지, 직장 생활에는 어떤 어려움과 즐거움이 있는지' 등에 대한 이해가 부족했다. 이렇게 지적 수준은 뛰어나지만 진로(進路) 성숙도가 낮은 청년들이 넘쳐난다.

물론 미리 준비하지 못한 개인에게도 책임이 있다. 하지만 내실 있는 진로 교육을 시행하지 못한 교육 당국의 책임도 크다.

내가 진짜로 원하는 것을 찾아라

제대로 된 진로 교육 매뉴얼조차 없는 우리나라 교육 현실은 확실히 문제가 많다. 그렇다고 언제까지 학교나 국가 탓만 하고 있을 수도 없다. 같은 상황에서도 즐길 것은 즐기면서 진로 준비를 착실하게 해나가는 학생들 또한 적지 않다.

실제로 한 방송사에 출연했던 한 연예인 팬은 광적일 정도의 팬심을 보이며 '덕후'로서의 모습을 당당히 보여주기도 했다. 하지만 그런 와중에 자기 일에서도 보통 사람들이 생각하는 수준 이상의 성과를 내고 있어 나 같은 전문가들조차 놀라게 했다.

또 연예인 팬클럽의 회원 활동 경험을 바탕으로 취업에 성공한 사례도 있다. 그는 팬클럽 회원으로 활동하는 동안 행사 기획, 홍보, 마케팅, 운영, 관리 등에 참여한 경험을 인사 담당자에게 어필해서 자신이 원하는 기업에 원하는 직종으로 들어갈 수 있었다. 말하자면 '덕업일치'의 성공 사례다.

동아리 활동이나 스포츠 활동, 특정한 취미 활동이나 종교 활동 등에 매달리다 취업 준비를 하나도 못했다고 하소연하는 고학년들이 많다. 반면, 똑같은 활동을 하고도 그와 정반대로 준비가 잘된 학생들도 있다. 어떤 차이가 있을까?

바로 '내가 뭘 좋아하는지, 뭘 잘하는지, 흥미를 느끼는 분야가 무엇인지, 자신이 어떤 성격적 특성을 가지고 있는지, 어떤 가치관을 가지고 살아갈 것인지, 자신이 가진 역량은 무엇이며, 자신의 능력을 어떻게 발휘해 나갈 것인지, 직업 세계는 어떻게 변화하고 있는지, 어떤 직무와 직업이 있는지, 어떤 기업이 어떤 일을 하는지' 등을 치열하게 고민했느냐 하지 않았느냐다.

나는 눈물을 흘리는 그녀에게 아직도 늦지 않았다고 위로했다. 대학 졸업은 결코 인생의 끝이 아니다. 처음부터 좋은 직장에 못 들어가도 괜찮다. 낮은 계단부터라도 착실하게 밟아나가면 된다. 비록 남의 눈에는 작은 직장, 초라한 직업으로 보여도 나쁘지 않다. 나중에 돌이켜 보면 그때 그렇게 보잘 것없는 일을 경험해 본 것이 큰 도움이 됐다고 회고하는 날이 올 것이다. 그러니 부디 좌절해서 쓰러져 있지 말자. 냉엄한 취업 시장에서 살아남을 수 있는 나만의 취업 전략을 지금부터라도 차분히 세워보자. 취업문은 저절로 열리지 않는다. 두드려야 열리는 문임을 기억하자.

 심리학+

#진로 성숙도

자신과 직업 세계에 대한 이해를 근거로 자신의 진로와 직업을 계획하고, 선택하고, 준비하고, 변경하고, 통합하며 스스로 진로 문제를 해결해 나갈 수 있는 진로 발달의 성숙도를 지칭하는 용어.

울타리 속 기회비용에 포함된 것들

"요즘 고민이 한두 가지가 아니에요. 진로는 말할 것도 없고, 비싼 돈 들여가며 굳이 학교를 계속 다녀야 하는지, 다닌다고 뭐가 달라지는지 의문이 듭니다. 4년제 대학교를 나온다고 좋은 직장에 취직된다는 보장도 없지 않나요. 반면, 너나없이 대학을 다니는 사회 흐름을 무시하고 대학을 포기하기도 쉽지 않은 게 현실입니다. 어른들은 어딜 가든 열심히만 하면 된다고 말하는데, 그 노력을 꼭 대학에서만 해야 하는지 의문이 듭니다. 그렇다고 사회 현장에 무작정 뛰어들어 경험과 실력을 쌓는다 한들 그걸로 얼마나 만족하며 살 수 있을지도 고민되고요. 모든 게 너무 혼란스럽습니다."

한 대학생이 털어놓은 고민이다. 보릿고개 시절에 부모님이 소, 돼지를 팔아 마련한 등록금으로 대학을 졸업하고 기성세대가 된 이들에게는 이해 못할 젊은이의 충동으로 느껴질 수도 있다. 그러나 이제는 세상이 달라졌다. 대학에 진학하는 사람이 70퍼센트에 이른다. 이는 세계적으로도 무척 높은 진학률이다. 그러나 그에 뒤따르지 못하는 내실로 인해 대학 생활에 회의감을 느끼는 학생도 많다.

대부분의 학생들은 고등학교 때까지 부모님 그늘 아래 머무는 미성년자로서 어쩔 수 없이 학교를 다닌다. 하지만 대학에서는 다르다. 의지에 따라 그만두고 다른 일을 할 수도 있다.

그러나 부모의 생각은 다르다. 자녀들이 학교를 그만두겠다고 하면 자지러진다. 정작 자신들은 '사표를 쓸까 말까' 고민하면서, 왜 아이들이 학교를 그만두겠다면 과민한 반응을 보이는 걸까? 여기에는 그럴만한 이유가 있다. 과거와 달리 의무 교육 기간이 늘어 중도에 중등학교를 그만두는 경우가 드물어졌기 때문이다. 남들과 다른 길을 가겠다는 자녀의 결정을 쉽게 허락할 부모는 많지 않으리라.

대학교는 어떨까? 이 시기의 자퇴는 청소년 시절의 반항과는 사뭇 다르다. 대학 자퇴를 고민하는 학생들은 대부분 어릴 때보다 좀 더 뚜렷한 이유와 근거로 갈등한다. '집안 형편도

넉넉하지 않은데 대학 다니기가 미안하다. 더 실제적인 것을 배우고 싶은데 대학은 그러기 어렵다. 시간만 낭비하고 있는 것 같다. 여기서 공부하는 게 단지 취직을 위해서라면 차라리 직업 훈련을 받고 싶다' 등이 그렇다.

문제는 '얼마나 준비됐느냐'다

사실 대학이 반드시 다녀야 하는 곳은 아니다. 지나친 입시 바람이 젊은이들을 대학으로만 내몰고 있어 조금은 얄밉다. 여기에 편승해 교육은 뒷전으로 하고 눈먼 돈만 쫓아다니는 일부 대학 재단들은 또 얼마나 얄미운가. 대학을 다니지 않고 도 가치 있는 일을 하며 지낼 수 있다면 그것도 괜찮다. 문제 는 그 학생이 진짜로 그런 일을 찾았느냐 하는 것이다. 명문대 에 다니던 한 학생이 군 제대 뒤 대학에 복학하지 않고 사회 인들을 위한 강연회에 열심히 참석하더니, 결국 복학을 포기 하고 길거리 좌판을 벌이며 졸업장 대신 사업을 선택해 성공 한 사례도 있다.

그러나 대학 졸업장을 버리기 위해서는 몇 가지 조건이 필 요하다. 일단 큰 용기가 있어야 한다. 또한 대학 졸업장이 주는 혜택을 뛰어넘을 만한 도전 정신도 필요하다. 어영부영 시간만 보낼 생각이라면 시작하지 않는 편이 낫다. 나중에 후회할 가능성이 크기 때문이다.

사회라는 시스템은 기본적으로 그 자신을 유지하기 위해 눈에 띄지 않는 여러 구조적 제약을 만들어 낸다. 학력에 따라서 직업 선택의 범위, 연봉이나 사회적 지위, 심지어 배우자까지 달라지기도 한다. 따라서 대학을 다니지 않겠다고 결심했다면, 그에 따른 불이익들을 충분히 감수할 준비가 돼있어야 한다.

물론 대학을 포기해서 얻는 것도 있다. 바로 시간적 자유와 다양한 경험이다. 이 길을 택하면 주변 친구들보다 사회 경험을 일찍 시작할 수 있다. 다만, 이것이 직업 경쟁에서 항상 유리한 것만은 아니다. 그래서 이 방법은 평범한 직장 생활보다는 도전적인 일을 할 때 유리하다고 말할 수 있다.

나아가 학업에 얽매이지 않고 자유롭게 활동하는 것도 일종의 공부다. 다양한 사회 경험만 해도 배울 게 많기 때문이다. 창업이나 사업 또는 전문가 과정에 몰입하고 싶다면, 경우에 따라 대학을 그만두는 편이 나을 수도 있다. 하지만 실패한채 다시 정상적인 경쟁 트랙으로 돌아올 경우, 사회가 걸어놓은 학력이라는 제약을 뛰어넘기가 더 어려워질 수 있다는 점을 기억해야 한다.

가끔 나는 이런 제약들이 사회 계층 간의 잦은 이동으로 무너질 수 있는 사회적 평정을 지탱하기 위해, 기득권이 만들어낸 책략이 아닐까 의심해 본 적이 있다. 실제로 이 보이지 않는 제약이 두려워서 사회에 순응하며 살아가는 이들이 얼마나 많은가?

대학을 포기하는 것은 어디까지나 선택의 문제다. 자유롭게 결단을 내리면 된다. 다만, 한 가지 사실은 염두에 둬야 한다. 그 결단을 실행하려면 대학 다니면서 공부하는 것보다 몇 배 이상의 열정과 노력이 필요하다는 점이다.

 심리학+

#학업 스트레스

학생들이 공부에 대한 부담감으로 느끼는 스트레스. 이로 인해 심리적 긴장이나 갈등까지 겪으며 학교생활에 부적응을 경험하기도 한다. 자기 통제력이 낮을수록 게임에 과몰입하는 현상이 있는데, 주요인으로 학업 스트레스가 손꼽혔다.

왜 나에게만
이런 일이 생길까?

　　나는 대학 졸업 뒤 입사했던 첫 직장에서 뜻하지 않게 구조 조정을 당했다. 그 심정은 이루 말할 수 없이 참담했다. 다시 일자리를 찾기 위해 여러 곳에 입사지원서를 냈으나 '광탈(광속 탈락)'의 연속이었다. 계속된 실패로 자신감이 떨어질 대로 떨어진 상태였다. 여기서는 아무것도 할 수 없을 것 같다는 생각이 들었다. 한국을 떠나고 싶었다. 미국만 다녀오면 영어 학원 강사라도 할 수 있을 것 같았다. 정말로 떠날 결심을 하고 어머니를 설득했다. 그리고 마지막으로 우리나라 곳곳을 여행해 보고 싶었다. 그렇게 여행을 떠났는데, 막상 떠난 지 사흘도 안 돼서 집으로 되돌아가고 싶었다. 너무

외로웠던 탓이다.

하지만 그런 상태로 돌아가면 허무할 것 같았다. 한국을 떠나기 전 마지막 여행인 만큼 붉게 물든 설악산의 단풍이라도 눈에 담고 돌아가자는 생각이 들었다. 새로운 목표를 세우고 나니 작지만 위안이 됐다.

설렘을 품고 설악산에 도착한 순간, 눈앞에 펼쳐진 불타는 듯한 단풍에 매료됐다. 나는 단풍나무를 향해 아이처럼 신나게 달려갔다. 긁어모으기만 하면 예쁜 단풍잎을 마음껏 가져갈 수 있을 것만 같았다.

하지만 단풍잎들을 가까이서 보니 멀리서 본 모습과 달랐다. 단풍잎마다 흠집이 있었다. 흠집 없이 완벽한 단풍잎을 찾기가 어려웠다. 어느 쪽으로 가도 마찬가지였다. 모두가 흠집투성이었다.

그때 문득, 사람도 마찬가지라는 생각이 들었다. 멀리서 보면 사람도 단풍잎처럼 흠집 없어 보이기 마련이다. 하지만 가까이 들여다보면 흠집 나지 않은 단풍잎이 없었던 것처럼 상처도 많고 허물도 많다. 그럼에도 우리는 다른 사람들에게 지나친 완벽을 요구하곤 한다. 상대를 진정으로 알려 하지도 않는다. 작은 허물만 보여도 등을 돌려버리고 만다. 스스로에게도 마찬가지다. 약간의 티끌에도 자신을 몰아붙이는 사람이 많다.

그날 단풍잎들을 보면서 사람을 가까이서 보면 허물이 보일 수 있지만, 사랑을 가지고 들여다보면 달리 보일 수도 있겠다는 생각이 들었다. 어쩌면 사람이 가진 허물을 뛰어넘어 그 개인이 가지고 있는 독특한 아름다움까지도 느낄 수 있을 듯했다.

남의 큰 상처보다 제 손톱 밑 가시가 더 아프다

인간은 누구나 여러 가지 이유로 다양한 문제를 겪는다. 그로 인해 고통도 느낀다. 어느 누구에게나 문제가 있기 마련이라는 사실을 받아들일 필요가 있다. 다만, 대부분의 사람은 지구 어딘가에서 지진이 발생해 수천 명이 죽는다 해도 당장에 내 손톱이 부러진 고통을 더 아프게 느낀다. 그게 사람의 마음이다. 다른 사람들의 고통보다는 자신의 고통을 더 크게 느낀다. 부조리하다고 느끼는가. 하지만 그런 이기적 마음을 깨달으면 이타심도 불러일으킬 수 있다.

'왜 나만 이럴까' 하는 생각이 든다면 다음의 몇 가지 질문을 던져봐야 한다.

문제 상황에 직면했을 때 던져야할 질문들

- 지금 마주친 문제는 나에게만 일어난 특수한 문제일까?
- 나 혼자의 힘으로는 도저히 풀 수 없는 문제인가?
- 선입견에 사로 잡혀 문제를 잘못 판단하고 있지는 않은가?
- 지금 마주친 문제를 스스로 개선해 보려고 노력했는가?
- '문제를 해결하기 위한 전혀 다른 방안'을 스스로 배제하고 있지는 않은가?
- 사소한 문제를 너무 어렵게 받아들이며 확대 해석하고 있지는 않은가?
- 당장 해결할 수 없는 문제를 가지고 지나치게 고민하고 있지는 않은가?
- 나의 편견 때문에 숨어 있는 나만의 재능이나 강점 혹은 해결 방법을 제대로 끄집어 내지 못하고 있는 것은 아닌가?

홀로 실직 여행을 다녀오자 새로운 열의가 솟았다. '그래, 나를 가로막지 말자. 무엇에도 흔들리지 않는 힘을 기르자'고 다짐했다. 얼마 뒤 나는 평소에 생각지도 않았던 영업직으로 입사 지원 범위를 넓혔고, 한 외국계 회사에 기술 영업직으로 채용돼 새로운 커리어의 세계에 접어들었다.

나아가 영업직의 특성상 많은 사람들을 만나면서 생각지도 못했던 새로운 부분들을 배웠다. 영업직 경험을 가지자 다른 직무로의 이직도 쉬웠고, 영업직에서 배운 경험이 모든 직무에서 유용하게 활용됐다.

젊은 날 홀로 떠난 실직 여행에서 내가 얻은 깨달음은 세 가지였다.

- 인간은 누구나 외롭다. 무엇보다 사람의 소중함을 절실히 느낄 수 있었다.
- 문제를 피하지 말고 정면으로 마주치자. 그래야 새로운 세계로 나갈 수 있다.
- 누구에게나 문제가 있다. 그러나 인간 내면에는 아름다움도 담겨 있다.

기회를 잡아 여행을 떠나보자. 만일 마음이 어지럽다면 사람들과 어울려 가기보다 홀로 떠나보자. 그곳이 어디든 외로움을 견딜 수 있는 만큼 끝까지 나아가보자.

지금의 나는 혼자 떠나고 싶어도 홀로 떠나기에는 두려움을 느끼는 나이가 됐다. 젊은 날 홀로 떠나지 않는 사람은 앞으로도 자신의 자리를 떠나기 어려울 수 있다. 완벽한 고독에 자신을 놓아두는 것도 젊음이 주는 특권이다.

#열등 콤플렉스

다른 사람과 비교했을 때 자신이 뒤떨어졌다거나 능력이 없다고 느끼는 감정. 아들러는 열등감이 사람의 행동을 결정짓는 동기의 근원이라고 생각했다. 아들러는 누구나 열등감을 가지고 있으며 자신의 열등감을 극복하기 위해 자신을 가꾸고, 사람들과 교류하며, 목적을 달성하기 위해 노력해 나간다는 것이다. 열등감을 슬기롭게 극복하면 행복할 수 있고, 열등감이 병리적 현상으로까지 깊어지면 신경증을 앓을 수 있다고 주장했다.

문득 불안감이
덮쳐 올 때면

20대는 청소년기에서 성인기로 넘어가
는 과도기다. 뭐든 할 수 있을 것 같지만 사실은 아무것도 이
룬 것이 없는 미완성의 시기다. 무엇을 하고 싶다는 의욕조차
없기도 하지만, 한편으로는 이루고 싶은 원대한 꿈도 있다. 다
만, 아직은 결과물이 보이지 않는 불투명한 시기라 혼란스럽
다. 안정적인 경제력도 없으니 늘 빈궁하다. 몸은 성인이 됐지
만 여전히 부모의 도움을 받으며 살아가야 하는 경우가 많다.
그 때문에 신체적으로는 어른임에도 심리적으로나 사회적으
로는 미성숙한 상황이라고 볼 수 있다.

자신의 정체성을 견고히 하고 꿈을 이뤄나가고 싶다는 크

나큰 이상(理想)을 품어보기도 하지만, 이상이 클수록 초라한 현실에 절망감을 맛보게 되는 시기이기도 하다. 하루에도 천국과 지옥을 몇 번이나 오가는 감정적 롤러코스팅을 반복한다. 하루는 '무엇이든 할 수 있다'는 넘치는 자신감과 긍정적 마인드로 활기차게 보내다가도, 또 하루는 의욕을 잃고 온갖 비관적인 체념들로 겨우 살아낸다. 수시로 조증과 울증을 오가는 것 같은 감정의 기복이 요동친다. 그렇게 감정 기복이 오락가락하다 보니 어느 장단에 춤을 춰야 할지 스스로도 혼란스럽다.

하지만 이런 감정 기복이 꼭 나쁜 것만은 아니다. 20대는 어느 연령대보다도 감정이 풍부하고 예민하다. 열정의 에너지가 넘치는 시기이기도 하다. 실제로 훗날 어떤 한 분야의 리더가 되고 전문가가 되더라도 젊은 날만큼 좋은 평가를 받지 못하는 경우가 제법 있다. 여러 가지 이유가 있겠지만, 청년 시절의 패기 넘치는 열정과 순수함, 총기와 예민함이 사라졌기 때문이리라.

때로 치기 어려 보이기까지 하는 순수한 열정이 청춘의 특권이 아닐까 싶다. 이 시기에는 영감이 샘솟듯 솟아오른다. 다만, 주변 환경이나 미래가 어떻게 펼쳐질지 알 수 없고 때로는 너무도 확확 변해버려 혼란스럽게 느껴질 수도 있다.

'사람들하고 어떻게 관계를 맺어야 할지, 어떻게 진로를 설계해야 할지, 어떤 일자리를 선택해야 할지, 빠르게 변화하는 세계에 어떻게 적응해나가야 할지' 모든 게 괴롭기만 하다. 한편으로는 '앞으로 어떤 미래가 펼쳐질지, 내 이상을 펼쳤을 때 나 자신이 어떻게 달라져 있을지'에 대한 즐거운 상상으로 설레는 시기이기도 하다.

그렇다면 불안이든 설렘이든 이 모두를 하나의 인생 설계 과정이라고 받아들이는 건 어떨까. 이런 삶의 과제들을 좌충우돌하며 잘 풀어나가고 자신과 타인을 균형 있게 인식하는 사람은 성공적인 사회생활을 해나가는 방법을 본능적으로 체험하게 된다.

이유 없는 설움에 눈물이 날 때면

어떤 일이든 도전할 수 있다는 것이 청춘의 특권이 아니겠는가. 홀로 독립을 시도해 보는 것도 좋다. 어쩌면 부모님 품에 머물러 있던 안정적인 생활에 비해 불안하게 느껴질 수도 있다. 하지만 이런 혼란스러운 과도기 없이는 홀로 서기 어렵다. 성장하려면 누구나 안전지대에서 벗어날 필요가 있다. 만일 안정적인 것만을 추구하며 갇혀 산다면 삶의 목적을 상실한 것과 같다. 그런 면에서 때로 불안해 보이지만 새로운 일에 도전하며 자신의 능력과 미래의 가능성을 점쳐볼 필요가 있다.

사실 20대를 둘러싼 우리 사회의 주변적 환경은 결코 20대에게 유리하지 않은 상황이다. 대학을 다녀도 취업에 대한 과중한 압박감 때문에 충분한 자유를 누리지 못하고 공부와 취업 준비에 시달린다. 대학을 졸업해도 끝이 아니다. 요즘 20대는 이른바 '삼포 세대, 오포 세대, 칠포 세대, N포 세대'로까지 불린다. 연애와 결혼, 출산을 포기하고 경력과 집도 포기하고 심지어 꿈과 희망, 대인 관계까지 포기한다는 것이다.

물론 이 시기를 슬기롭게 헤쳐나가지 못한다면 비참한 현실이 기다리기도 한다. 하지만 그런 용어들은 도대체 누가 만든 단어란 말인가. 어쩌면 요즘 세대가 아니라 기성세대가 붙인 단어들이 아닐까 싶다. 누가 꿈과 희망까지 포기하고 살길 원하겠는가.

어느 날, 한없이 즐겁고 유쾌하다가도 이유 없는 설움에 눈물을 펑펑 쏟아낸 적이 있는가. 청춘이 불안함을 느끼는 것은 당연한 과정이다. 젊은 날의 나도 그랬다. 그렇지만 돌이켜보면 그때 왜 그렇게 불안해 하며 두려워했는지 고민한 시간이 아까울 정도다. 세상이 두려워 첫발을 내딛질 못했다. 그러나 일단 작은 걸음이라도 첫발을 내디뎌보면 삶의 감각이 생기기 마련이다. 누구나 알아주는 탄탄대로의 길로 접어든다면 행운이겠지만, 어디로 이어질지 모르는 좁고 불편한 오솔길로 접어들 수도 있다. 하지만 때론 그런 불투명한 길이 삶의 축복이 될 수도 있음을 뒤늦게 깨달았다. 돌이켜 보니 불안해 보였지만 그 어떤 길보다 더 흥미진진한 길이었다.

그러니 그대, 두려워만 하지 말고 가볍게 첫발을 내디뎌 보라. 그러면 발길을 내디딜 다음 길이 보일 것이다.

 심리학+

#감정 기복

시간 또는 상황에 따라서 사람의 감정이 과도하게 변하는 현상. 어느 정도 범위 안의 변화는 정상적인 현상이다. 과도하게 기복이 심할 때는 조울증으로 나타날 수 있다. 평소 스트레스 관리를 잘 하고, 일상생활을 규칙적으로 유지하며, 해가 떠 있는 시간에 적당한 운동을 하는 방법으로 감정 변화의 폭을 줄일 수 있다.

순식간에 변화할 수 있는
방법은 없다

나는 블로그를 15년 정도 운영해오고 있다. 1인 미디어 매체라고 불리는 이 공간을 운영하면서 처음 1년은 적응에 어려움을 겪었다. 그러나 1년 뒤부터 방문자가 차츰 늘어났고, 2년이 지나자 기하급수적으로 늘어나 그 세상에 제법 익숙하고 능숙해졌다.

나는 블로그에서 '따뜻한 카리스마'로 알려져 있다. 이 닉네임은 '다소 허술하더라도 따뜻하고 인간미 있는 상담가'라는 이미지를 가지고 있다. 나는 이렇게 형성된 내 '아바타'로 가상의 공간에서 상당한 힘을 발휘한다. 요새는 블로그 말고도 자기 이야기를 할 수 있는 다양한 SNS 공간이 많아서 게임·

요리·여행·축구·사진·DIY·연애·낚시 등으로 자기만의 분야를 구축할 수 있다. 최근에는 유튜브를 통해 보다 다양한 분야의 크리에이터들이 넘쳐난다.

이처럼 가상 공간에서는 키나 외모, 나이와 학벌, 직업이나 명예, 인격과 경제적 상황을 뛰어넘어 상대를 사로잡는 매력적인 요소들이 있다. 단점은 잊어버리고 자신이 잘하는 것에만 주력하면 훌륭한 캐릭터로 살아갈 수 있다. 그러나 현실은 어떤가. 결코 녹록치 않다. 부딪히는 게 한두 가지가 아니다.

가상 공간의 이미지에만 몰두하는 사람들은 현실과 가상 공간을 오가는 일에 혼란과 어려움을 느낀다. 멋진 캐릭터를 벗어던지고 현실로 돌아오면 '쓸모없는 찌질이' 같은 느낌이 들기도 한다. 영화 〈레디 플레이어 원〉의 주인공 역시 마찬가지다. 2045년, 암울한 현실과 달리 가상의 공간 오아시스(OASIS)에 접속하면 원하는 캐릭터로 어디든지 갈 수 있고, 뭐든지 할 수 있는 세상이다. 이곳에서는 상상하는 모든 게 가능하다. 주인공 웨이드 와츠 역시 유일한 즐거움이 대부분의 사람들처럼 오아시스에 접속해서 하루를 즐기는 것이다. 하지만 현실은 어떤가. 초라하기 그지없는 가난이라는 둘레에 갇혀있다. 막상 현실로 돌아오면 모두가 '네가 뭘 할 수 있겠냐'고 묻는 것 같아 무기력하기만 하다.

많은 사람들이 가상 공간을 벗어나 마주치게 되는 고단한 현실에 무력감을 느낀다. 가상 공간 안에서 누렸던 우월감은 허상에 불과한 경우가 많다. 현실 속의 자신은 여전히 돈도 없고, 인맥도 없고, 능력도 없고, 사회적 지위도 별 볼 일 없고, 실수도 많고, 사회를 변화시킬 힘도 없다. 그러다 보니 앞으로 펼쳐질 미래도 가망 없게 느껴지곤 한다.

가상 공간 속의 또 다른 진짜 나

하지만 나는 가상 공간에 긍정적인 측면도 있다고 생각한다. 우리가 상상했던 아바타처럼 완벽해질 수는 없을지라도 많은 이들이 그 공간 안에서 더 진솔해지고, 원숙한 공공 의식도 가지게 될 수 있다. 다른 사람들의 생각을 읽으며 사색의 힘까지 갖추면 인격적으로 성장할 수 있을 뿐 아니라, 도덕적으로도 성숙한 사람으로 서서히 변모해 갈 수 있다. 다만, 그 균형을 맞추려면 현실 세계에서도 가상 공간에서만큼의 힘을 기르도록 부단한 노력을 기울여야 한다.

사람들은 영화처럼 한순간에 눈부시게 변신하는 환상을 꿈꾼다. 마치 신데렐라처럼. 하지만 인생은 영화나 온라인 속의 자아처럼 한순간에 변하지 않는다.

영화 〈아바타〉의 제임스 카메론 감독 역시 20대에 트럭 기사의 보조 기사로 일하면서도 시나리오 작가라는 꿈을 잃지 않고 영화 〈아바타〉를 창조하기 위해 30여 년의 시간을 투자했다. 가상 공간 속 강력한 아바타를 현실에서도 구현하기 위해서는 그 정도의 열정을 불태우며 살아가야 한다. 지금 내가 꿈꾸는 아바타의 모습은 어떤지, 그것을 현실 세계로 가져올 수 있는 방법은 무엇인지 고민하고, 꾸준히 실행하는 것이 무엇보다 중요하다.

심리학+

#자기 차이 이론

심리학자 히긴스가 사람에게 있다고 믿었던 세 가지 자기 개념에서 나온 이론. '실제 자기, 이상 자기, 당위 자기'다. 실제 자기와 이상 자기의 차이는 우울감을 부르고, 실제 자기와 당위 자기의 차이는 불안을 유발한다. 실제 자기를 높이고, 이상 자기와 당위 자기를 낮춰서 우울과 불안을 해소할 수 있다.

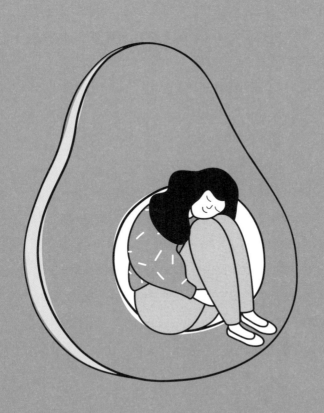

Chapter 2

가치 심리학 :
자존감의 근원을 찾아서

하고 싶은 일을 찾으려면
'나'를 먼저 알아야 한다

자신이 무엇을 하고 싶은지 알고 싶은가? 그렇다면 무엇보다 먼저 자기 자신에 대해 알아야 한다. '나는 누구인가?' 간단해 보이는 질문이지만 대답하기는 참으로 어려운 질문이기도 하다. 하지만 그동안의 역사를 보면 자신이 누구인지 확고하게 안 사람이 각자의 분야에서 큰 목표를 달성해 내곤 했다. 그렇기에 올바른 정체성을 수립하는 것은 그 무엇보다 중요하다.

우리는 자신이 스스로를 제일 잘 안다고 생각한다. 물론 일정 부분은 사실이다. 그렇다면 과연 우리는 자신에 대해 어느 정도나 알고 있을까? 어떤 사람들은 확신에 차있다. 정말 그럴까? 오히려 그렇게 말하는 사람일수록 스스로에 대해 잘 모르는 경우가 더 많다. 이를 어떻게 파악할 수 있을까?

다음은 자신을 들여다보기 위해서 답해야 할 질문들이다. 자신을 알려면 이처럼 많은 질문들이 필요하다. 이 질문들은 우리가 살아가면서 평생 던져야 할 질문들이자 인생을 풍부하게 만들어주는 인생의 꽃망울이다.

나를 찾기 위한 질문들

- 나는 누구인가?
- 내 안의 나는 누구인가?
- 내 삶의 의미는 무엇인가?
- 내 존재의 이유는 무엇인가?
- 나는 어떤 사람이 되고 싶은가?
- 밖으로 드러나는 내가 과연 진짜 나일까?
- 내 안에서 들려오는 소리는 무엇인가?
- 내 안의 나는 내가 가고자 하는 길을 올바르게 제시하고 있는가?
- 어떻게 하면 나를 좀 더 가치 있는 사람으로 변화시킬 수 있을까?
- 나다운 나를 찾기 위해 나는 지금 어떤 질문을 던져야 하나?

우리는 인간 존재의 좀 더 깊은 근원을 이해할 필요가 있다.

자신에 대해서도 마찬가지다. 앞선 질문들에 명확한 답을 낼 수 없다 한들, 새로운 질문들을 계속해서 던지며 스스로 답을 찾아가야 한다. 그 답은 누가 알려줄 수도 없다. 자기 삶의 해답을 어찌 다른 이가 전해줄 수 있겠는가. 설령 알려준다 해도 스스로 깨닫지 못하고 행하지 않는다면 아무런 소용이 없다. 이 때문에 자신에 대해 알려면 오랜 고뇌의 과정, 생각에 생각을 덧붙이고, 사색에 사색을 거치는 인내와 숙성의 과정을 거쳐야 한다.

나도 모르는 내 모습을 찾는 법

자신을 알아가는 데 꼭 철학적인 질문만 필요한 것은 아니다. '내 재능이 무엇인지, 나 자신의 자질과 역량은 무엇이며, 자신의 강점을 바탕으로 무엇을 할 수 있는지, 스스로를 발전시키려면 자신에 대해 어떤 믿음을 가져야 하는지, 어떤 생각과 어떤 행동을 지속해 나가야 하는지'와 같은 현실적인 질문도 필요하다.

어쩌면 자신이 지금껏 한 번도 경험해 보지 못한 분야에 재능이 있을 수 있다. 이를테면 물건을 팔거나, 기계를 제작하거나, 상품을 디자인하거나, 서비스 분야의 일에서 자신의 진짜 재능이 있음을 발견할 수도 있다. 심지어 많은 사람들 앞에 서는 것을 싫어하지만 가르치는 일을 잘할 수도 있고, 감정 표현에는 서투르지만 사람들을 감동시키는 강연을 잘할 수도 있다. 또, 한번도 글을 제대로 써보지 못 했지만 작가적 재능이 있을 수도 있고, 사람을 만나서 설득하는 일에 재능이 있을 수 있다. 어떤 일을 혁신적으로 변화시키는 혁명가나 사람들을 이끄는 리더의 자질이 뛰어날 수도 있다. 학교 성적은 그저 그랬지만 사회에서는 인정받을 만한 능력과 자질을 갖추고 있는지도 모를 일이다.

무엇이 되고 싶은지 먼저 생각하라

미국 최고의 동기 부여가 앤서니 라빈스는 "우리가 자신에게 부여하는 정체성은 스스로 내린 결정에 불과하다"고 말한다. 우리는 스스로 부여한 정체성을 바탕으로 자신이나 타인을 판단한다. 대개 자신의 판단이 옳다고 생각하며 그 믿음과 신념에 따라 일관되게 행동하려는 경향이 있다. 결국 나 자신이 부여한 정체성에 따라 내 운명도 바뀐다.

빅토르 위고가 쓴 소설 『레 미제라블』의 주인공 장 발장은 어린 조카들을 위해 단지 빵 한 조각을 훔쳤다는 이유로 19년 동안 감옥에 갇힌다. 출소한 뒤에는 친절한 미리엘 신부의 도움으로 성당에서 머물게 된다. 하지만 살 길이 막막했던 장 발장은 성당의 물건을 훔쳐서 달아나고, 얼마 가지 못해 경찰에 붙잡힌다.

장 발장을 붙잡은 쟈베르 경감은 성당에 찾아와 이게 도둑 맞은 물건이 맞느냐고 확인한다. 하지만 미리엘 신부는 자신이 장 발장에게 준 선물이라며 오히려 은촛대까지 내준다. 이로 인해 장 발장은 끔찍한 감옥으로 다시 돌아가지 않을 수 있었다. 그는 신부의 고마운 행동을 돌이켜 보며 자신에 대해 고뇌하기 시작한다. 더 이상 문제를 외부 탓으로만 보지 않고 나아갈 방향을 자신에게서 찾기 시작한 것이다.

'신부님은 물건을 훔친 나를 왜 믿어줬을까? 왜 나를 고발해서 감옥으로 보내지 않았을까? 나는 앞으로도 이렇게 도둑질을 하면서 살아가야만 하는 걸까? 내 삶의 의미는 무엇일까? 올바르게 살기 위해서 나는 무엇을 해야 하는가? 나에게도 기회가 있을까? 어떤 행동이 내 삶에 변화를 불러올 수 있을까?'

미리엘 신부는 장 발장을 '형제'라고까지 불렀다. 죄인인 그를 더 이상 악(惡)에 속하지 않는 선(善)의 사람이자 하느님의 아들로 보았던 것이다. 그 뒤 장 발장의 인생은 송두리째 변한다. 자신의 가치를 찾아 새로운 삶을 살아가기 시작한 것이다. 앤서니 라빈스는 미리엘 신부의 이 같은 "강력한 패턴 깨기가 한 사람의 정체성을 완전히 바꿔놓는다"고 강조한다.

어떤가? 혹시 우리도 자신에게 잘못된 정체성을 부여함으로써 잘못 살아가고 있지는 않은가? "나는 누구인가?' '내 삶을 무엇으로 채우고 싶은가?' '나는 어떤 사람으로 살아가고 싶은가?'라는 질문에 스스로 답해 보자. 인생은 끊임없이 자신에게 질문을 던지고, 스스로 그 해답을 찾아가는 과정이다.

심리학+

#개념화된 자기

자신이 어떤 사람인지에 대한 믿음이나 자신의 존재를 '나는 ~이다'라는 식으로 다양하게 표현하는 것. 사람들은 성장하면서 자신이 어떤 사람인지에 대해 스스로가 만들어 낸 이야기를 믿고 그에 따라 살아가기 시작한다. 개념화된 자기는 이와 같은 사회화 훈련 과정의 결과로 형성된다.

수준 있는 질문이
수준 있는 인생을 만든다

"삶에서 던지는 질문의 수준이 생각의 수
준을 결정하고, 생각의 수준이 삶의 수준까지 결정한다."

앤서니 라빈스의 말이다. 우리는 살아가면서 많은 문제 상
황에 직면한다. 당면한 문제를 해결하려면 스스로 질문을 던
지고 답을 찾아나가야 한다. 나아가 삶의 질을 높이고 싶다
면 습관적으로 하는 일상의 질문부터 바꿔야 한다. 올바른
질문은 생각하는 방법과 감정까지 변화시키기 때문이다.

즉, 성공한 사람과 성공하지 못한 사람의 차이는 당면한 상
황에서 누가 더 나은 질문을 했는가에 달려있다고 해도 과언
이 아니다. 한마디로 수준 있는 질문이 수준 있는 인생을 만

든다.

인간관계에서도 마찬가지다. 직장 생활이나 사회생활에서도 비슷한 문제가 반복된다면 질문을 달리해야 한다. 문제를 근원적으로 해결하기 위한 질문을 던지고 답해야 한다. 지금보다 나아지려면 스스로 꿈, 성격, 신념, 철학, 삶의 가치관, 내면의 울림 등의 내적 부분뿐만 아니라 경제력과 같은 실질적인 문제에 이르기까지 올바른 질문을 던져야 한다.

인류가 이렇게 발전해 올 수 있었던 것도 자신이 직면한 문제를 해결하기 위해 끊임없이 질문을 던지고 그 해답을 찾으려 노력했기 때문이다. 개인도 마찬가지다. 끊임없이 질문을 던지고, 스스로 그 해답을 찾으려 힘쓸 때 변화와 성장이 일어난다.

변화를 만들어 내는 질문의 힘

실제로 질문의 힘은 상상을 초월한다. 능력의 한계, 직업의 한계, 사업의 한계, 인생의 한계뿐만 아니라 역사의 한계까지 뛰어넘을 수 있게 만든다. 인간의 모든 발전은 새로운 질문에서 시작했다고 해도 과언이 아니다.

생각의 초점을 바꾸면 변화가 가능하다. 그렇다면 생각의 초점을 가장 빠르게 바꾸는 방법은 무엇일까? 의외로 간단하다. 기존의 습관에서 벗어나 새로운 질문을 던지면 된다.

예를 들어, 사람들이 우울한 상태에 빠지는 건 계속해서 자신에게 우울한 질문을 던지기 때문이다. '난 어쩔 수 없어' '아무리 해도 안 되는 걸' '나는 결코 행복할 수 없을 거야' '아무리 많은 성취를 이뤄도 허탈해' 등의 말을 늘어놓는다. 우울함을 벗어나고 싶다면 이 따위의 생각은 과감히 집어치워야 한다. 겉으로도 힘 빠지는 자세와 발걸음이 아니라 보다 당당한 자세와 경쾌한 발걸음을 유지해야 한다.

스타벅스 신화를 만든 하워드 슐츠 회장은 젊은 시절 온도계가 달린 깔때기 모양의 커피 필터를 파는 한 가전제품 회사의 영업 사원이었다. 원두커피가 별로 인기 없던 시절, 그는 유독 시애틀에서만 커피 필터에 대한 막대한 수요가 있다는 사실을 알아차렸다. 그리고 '왜 이 지역 사람들은 유독 많은 커피 필터를 필요로 할까?' 궁금해 하기 시작했다.

그는 해답을 찾기 위해 직접 시애틀을 방문했다. 그곳에서 작은 커피 전문점인 스타벅스가 커피 원두와 여러 제품을 성공적으로 판매하고 있는 현장을 관찰하며 새로운 사업을 구상했다. 오늘날의 스타벅스는 이처럼 작은 질문에서 출발해 그 답변을 찾아가는 과정 속에서 탄생했다. 호기심 어린 작은 질문이 거대한 비즈니스를 만들어 낸 경우다.

보다 효과적인 질문을 하는 법

'당신은 무엇을 원하는가? 지금 현재 원하는 건 무엇인가? 당신이 인생에서 진정으로 원하고 바라는 것은 무엇인가? 성공인가, 행복인가? 좋은 차를 타고 멋진 집에서 살기를 원하는가? 아니면 소박하게 자녀들에게 존경받고, 행복한 가정을 꾸려나가는 가장이 되기를 원하는가? 성공적인 경영자가 되기를 원하는가? 존경받는 사회인이 되고 싶은가? 아니면 역사에 이름을 남기고 싶은가?'

무엇을 소망하든 우선은 스스로에게 '그것들을 얻으려는 진짜 이유는 무엇인지' '그것을 얻고자 하는 근본적인 목적은 무엇인지' '내가 원하는 목적을 달성하기 위해 무엇을 해야 할지' 등의 보다 근원적인 질문을 추가로 던질 수 있어야 한다.

만일 당신이 멋진 차를 원한다면 그것은 일종의 성취감이나 지위, 품위 등을 의미하는 건 아닌지 탐색해 봐야 한다. 행복한 가정생활을 원한다면 사랑받는 느낌, 존중받는 느낌, 친밀감, 소속감, 안정감, 따스함 등을 원하는 게 아닐까? 만약 특정한 직업을 원한다면, 왜 그 직업을 원하는지 살펴봐야 한다. 기업가, 작가, 연예인 등을 꿈꾸는 이유도 인정받고 싶은 욕구가 숨겨져 있는 것은 아닐까? 이런 내면의 근원적인 욕구를 찾으면 다른 방식으로도 목적을 달성할 수 있다는 자신감을 얻는다.

인생이 잘 풀리지 않는다고 생각하는가? 운이 없다고 생각하는가? 환경이 제대로 갖춰지지 않았다고 생각하는가? 아니면 직장에 마음에 들지 않는 미운 상사나 동료가 문제인가? 과연 그런 주변 환경들이 바뀌면 정말 내 삶이 나아질까? 불만스러운 문제들만 해결하면 근원적으로 모든 게 바뀔까?

정말 필요한 질문들은 이것이다. '오늘 내가 선택해야 할 행동은 무엇인가? 행복해지기 위해서 지금 내가 해야 할 행동은 무엇인가? 내가 직면한 문제들을 해결하기 위해 지금부터 죽는 날까지 취해야 할 행동은 무엇인가? 존중받는 느낌을 받고 싶다면 어떻게 살아가야 하는가? 내가 원했던 삶의 목적은 무엇인가? 기존 방식을 고수하면서 결과만 변하길 바라고 있는 건 아닌가?'

삶의 올바른 해답을 찾고 싶다면 진정으로 원하는 것에 집중해야 한다. 외부 환경이 변하기를 기다리는 대신, 환경을 바꾸기 위해서는 자신이 무엇을 해야 할지 질문을 던져야 한다. 올바른 질문을 던져야 올바른 해답을 찾을 수 있다. 깊이 있는 질문만이 보다 근원적인 해답을 준다. 결국 지금 나 자신이 던지는 질문의 수준이 남은 내 삶의 수준을 결정한다.

 심리학+

#자각

일정한 상황에 놓인 자신의 형편이나 처지, 본분, 능력, 가치, 의무, 사명 등을 스스로 깨닫는 것. '자기의식'이라고도 한다. 자각하기 위해서는 자기의 경험이나 행위에 대한 철저한 반성이 필요하다.

소중한 것들에
우선순위 정하기

　　여러분은 가치관(價値觀)이 있는가? 그렇다면 여러분을 지배하는 가치, 인생에서 가장 우선하는 가치는 무엇인가? 그 가치관은 과연 올바른가?

　　우리는 저마다 가치관이 다르다. 자라온 가정, 환경, 교육, 만남, 재능, 관심사, 타고난 성격과 기질, 성향과 더불어 살아가면서 겪는 수많은 경험 등의 다양한 요소가 가치관 형성에 개입한다. 이런 과정에서 자신이 무엇을 중요하게 여기게 됐는지 아는 것은 중요하다. 가치관은 기본적으로 우리 마음의 법칙을 의미하는데, 여기에 우선순위를 정해두면 마음의 평화를 얻을 수 있다.

가치관이란 '가치에 대한 관점, 나아가 세계나 사상에 대해 가지는 평가의 근본적 태도'를 의미한다. 또한 '값어치 없는 사람, 가치 없는 인간'이라는 말에서도 알 수 있듯이 가치관에는 '값어치'라는 뜻이 있다. 즉, 무언가를 가치 있게 생각한다는 건 그것을 값어치 있게 여긴다는 뜻이다. 나아가 우리가 아끼는 모든 것들을 가치관이라고 부를 수도 있다.

하지만 주변을 둘러보면 정작 자신의 가치관이 뭔지조차 모르고 살아가는 이들이 허다하다. 있다 해도 분명치 않고 어느 것이 더 중요하다는 우선순위도 없다. 이렇게 중요시 여기는 것들에 순서가 없다면 혼란을 겪을 수밖에 없다.

내가 가장 중요하게 생각하는 것들

여러분은 자신의 인생에서 무엇이 가장 중요한지 말할 수 있는가? 지금부터 빈 공간에 '사랑, 행복, 건강, 직업, 지위, 존중, 다른 사람으로부터의 인정, 영적인 평화, 사회적 성취, 경제적 부의 성취' 등 자신이 가장 소중하게 생각하는 가치를 떠오르는 대로 기록해 보자.

다 기록했다면 『네 안에 잠든 거인을 깨워라』에서 나오는

앤서니 라빈스이 추구하는 가치를 보며 나의 가치관 샘플을
참조해 보자.

앤서니 라빈스가 추구하는 가치

건강과 활력

집중하고 기운이 넘치며 균형 잡혀있다고 느낄 수 있다. 또
한 내 힘, 유연성, 지구력을 증진시킬 수 있는 것은 무엇이든
할 수 있으며, 신체 건강에 도움이 된다고 생각하는 것이라면
무엇이든 할 수 있다. 언제나 수분이 많은 음식을 섭취하거나
나의 건강 철학에 따라 살겠다.

사랑과 온정

나는 언제든지 가족, 친구들, 혹은 낯선 이들에게 다정하게
대할 수 있다. 나는 언제든지 남을 어떻게 도와줄 수 있는지에
초점을 맞출 수 있다. 나 자신에게 언제든지 다정하게 대할 수
있다. 또한 다른 사람의 기분을 언제든지 더 좋게 만들어줄 수
있다.

배움과 성숙

나는 언제든지 유용한 명제를 새로 만들 수 있다. 언제든지

편안한 것 이상으로 자신의 한계에 도전할 수 있다. 언제든지 새로운 가능성을 생각해 볼 수 있다. 언제든지 더 효율적으로 일을 추진하거나 더 큰일을 할 수 있으며, 내가 아는 것을 긍정적인 방향으로 적용할 수 있다.

성취

언제든지 내 삶의 가치의 초점을 이미 이루어진 것에 맞출 수 있다. 언제든지 결과를 미리 설정해서 그 결과를 이룰 수 있다. 언제든지 나 자신이나 다른 사람들을 위해 무언가를 배우거나 가치를 창조할 수 있다.

나의 우선 가치

1. 자아실현

2. 가족 구성원의 성장과 행복

3. 존중, 존경, 인정받는 느낌

4. 다른 사람의 가치를 높이는 일(교육, 코칭, 상담, 컨설팅, 글쓰기 등)

5. 지적 탐구(새로운 것을 배우고 적용하는 즐거움)

6. 사회적 위치, 지위, 명예

7. 사회적 기여, 공헌

8. 인류애, 동정심

9. 공중도덕, 규칙, 질서

10. 완벽한 경제적 자유

어떤가? 자신이 적은 가치와 차이가 있다고 해도 상관없다. 각자의 가치관은 다를 수밖에 없다. 가치관을 수립한 다음에는 다음과 같은 질문들을 던져볼 필요가 있다.

우선 가치관을 수립하기 위해 던져야 할 질문들

- 내가 정말로 중요하게 여기는 가치는 무엇인가?
- 내가 놓치고 있는 소중한 가치는 없는가?
- 인생에 긍정적 영향력을 끼치려면 어떤 가치관을 가져야 하나?
- 바람직한 인생을 위해 어떤 가치를 우선해야 하는가?
- 세상과 맞서기 위해 어떤 가치를 기준으로 삼아야 할까?
- 위대해지려면 어떤 가치관을 가져야 할까?
- 마음의 평온을 위해 어떤 가치관을 지워야 할까?
- 충만한 인생을 위해 어떤 가치관을 추가해야 할까?
- 보다 행복해지려면 어떤 가치관을 우선해야 하나?

이제 위의 질문들을 참조해서 삭제할 가치관은 과감히 삭제하고, 추가할 내용은 추가해 보자. 그리고 중요하다고 생각되는 순서대로 다시 정리해 보자. 이 과정을 위해서는 처음부터 적어도 열 가지 정도의 가치관을 기록해 보면 좋다. 이 과정을 여러 번 반복하는 것도 좋은 방법이다.

삶을 통해 변화하는 가치관

가치관과 관련해 중요한 사실이 또 하나 있다. 가치관도 폭넓은 인생 경험 속에서 더 풍요로워진다는 점이다. 따라서 나이가 들수록 정기적으로 검토하는 게 중요하다. 젊을 때는 돈이 최우선 가치일 수 있다. 하지만 세월이 흐르며 그 가치가 바뀌기도 한다. 사실 나 역시도 가난한 어린 시절을 보내다보니 맹목적으로 돈을 따라 다닌 적이 있다. 그러나 성장하면서 돈보다 더 중요한 가치가 있음을 깨달으며 삶이 바뀌었다. 다른 가치 역시 마찬가지로 바뀔 수 있다. 정기적으로 자신의 가치관을 검토하면서 우선순위를 정해야 한다. 그렇게 만들어 둔 우선 가치관은 우리가 혼란스러울 때 삶의 방향을 제시해 주는 훌륭한 나침반이 된다.

그렇게 가치관을 수립하는 과정에서 '자아실현'을 최상위 가치관으로 세웠다. 자아실현(自我實現, Self-realization)이란 '하

나의 가능성으로 잠재된 자아의 본질을 완전히 실현하는 것'
을 뜻한다. 이는 교육이 궁극적으로 지향하는 대상이자 윤리
의 핵심 요소이기도 하다. 아리스토텔레스는 인간의 삶을 자
아실현을 위한 과정이라 했으며, 인간 본질을 합리성에서 찾
았다. 사람은 합리성을 최대한으로 발휘함으로써 궁극적 목적
인 행복에 이른다는 것이다.

나아가 사회 심리학자 에리히 프롬은 잠재적 가능성을 창
조적으로 발휘하고 실현하는 일을 '생산성'이라는 단어로 표
현했다. 여기서 생산성이란 창조성과 같은 의미다. 욕구 5단
계설로 유명한 심리학자 아브라함 매슬로도 성장 동기가 계
속 충족될 수 있는 것은 자아실현 때문이라고 했다.

미국의 교육학자 T. 브라멜드는 사회 속에서 자신의 가능성
과 잠재력을 발휘하는 것을 자아실현으로 보았다. 이처럼 인
간은 잠재적 가능성을 타고 나며, 그것을 실현하려는 본능적
욕구를 가지고 있다. 윤리와 교육의 목적도 바로 이 자아실현
에 있다고 볼 수 있다.

『성공하는 사람들의 7가지 습관』의 저자 스티븐 코비는 한
개인이 자신의 소중함을 인식하는 것만으로도 자아의 변화를
시작할 수 있다고 했다. 하지만 좀 더 높은 단계로 올라가려면
자아실현을 초월할 필요가 있다고 주장했다. 욕구 5단계설에

서 자아실현 욕구를 가장 꼭대기에 올려놓았던 매슬로조차도 말년에 인생 최고 경험은 '자아실현'이 아닌 '자기초월'이라고 했다.

즉, 자아보다 더 높은 목적을 찾아야 한다는 것이다. 이처럼 우리 인생의 우선 가치는 삶의 시야가 넓어질수록 더 고귀하고 훌륭해질 수 있다. 그렇게 숙고하며 세운 가치관은 쉽게 변하지 않는 힘이 있다.

내 인생에서 가장 중요한 우선 가치관은 무엇인지, 그것을 어떻게 변화시키고 성장시켜 나갈지 살피는 과정은 인간답게 살기 위해 거쳐야 할 중요한 관문이다.

심리학＋

#우선 가치관

한 인간이 자기를 포함한 세계나 그 속의 어떤 대상에 대해 가지는 평가의 근본적 태도나 관점. 옳은 것, 바람직한 것, 해야 할 것 또는 하지 말아야 할 것 등에 관한 일반적인 생각을 가치관이라고 말한다. 가치관 중에서 가장 중요한 가치를 '우선 가치관'이라고 부른다.

당신 눈에 비친
내 모습은 어떤가요?

많은 사람들이 자기 탐색의 중요성을 강조한다. 그러나 자신을 알아가는 방법도 혼자서는 한계가 있다. 인간의 삶은 타인과의 관계 속에서 진행되며 지극히 상대적이기 때문이다. 물론 다양한 검사 도구를 사용해 도움을 구할 수도 있지만 그것만으로 자아 탐색을 완성하기는 어렵다. 개인적인 사색과 더불어 주변 사람들의 도움도 필요하다.

대개 인간은 타인에게서 좋은 면보다는 나쁜 면을 먼저 보는 경향이 있다. 그래서 가까운 사람들에게 칭찬보다는 충고를 많이 한다. 그러나 대부분의 상대는 이런 충고를 잔소리라고 받아들이며 흘려듣거나 기분 나빠한다. 때로는 아예 들으려고 하지도 않는다. 물론 악의적 비평이나 악플을 일일이 신경 쓰면서 마음의 상처로 가지고 있을 필요는 없다. 그런 해로운 독설은 잊어버려도 좋다.

하지만 사람들의 지적이나 비평 속에 내가 정말로 개선해야 할 방향과 문제 해결 방안이 숨어 있는 경우도 있다. 때로는 작은 약점이라고 생각했던 것이 결정적으로 나를 무너뜨리는 아킬레스건이 될 수도 있기 때문이다. 그런 만큼, 가슴을 열고 다른 사람의 비평을 삶의 보약으로 받아들인다면 한 단계 성장하는 데 도움이 된다.

당신이 생각하는 '나'는 어떤 사람인가요?

실제로 사람들의 평가를 듣다 보면 나도 몰랐던 내 단점과 장점뿐 아니라, 현재 고민하고 있는 문제를 해결할 수 있는 실마리를 찾을 수도 있다. 경우에 따라서는 앞으로 살아나갈 삶의 방향성까지 찾을 때도 있다. 그런 측면에서 나를 찾기 위한 인터뷰를 시도해 보는 과정은 분명 의미 있는 작업이 될 것이다.

인터뷰라고 해서 뭐 거창한 것은 아니다. 가족을 시작으로 학교 친구, 선배, 후배 그리고 직장 동료, 상사, 부하 직원 등의 주위 사람들과 다각적으로 만나 마음을 터놓고 이야기를 나누면 된다. 다만, 시작하기에 앞서 지금 내가 도움을 요청하고 있다는 사실을 진솔하게 공개해야 한다. 그렇지 않으면 상대로부터 정직한 대답을 유도하기 어렵고 단순한 수다로 끝날 수 있다.

따라서 의미 없는 대화로 끝나지 않기 위해 미리 인터뷰 질문지를 꼼꼼히 작성해 둘 필요가 있다. 서면으로 답을 받는 것도 좋지만, 대개는 글로 정리하는 것을 번거로워 해서 꺼리는 경우가 많다. 또 한편으로는 글을 쓰다 보면 의식적으로 솔직한 표현과 속마음을 걸러낼 수 있기에 솔직한 대답을 듣기 어려운 단점도 있다. 그럼에도 서면으로 답을 받아두면 여러모로 도움이 된다. 말이 아니라 글로 표현하면 생각 정리를 잘할 수 있기 때문이다. 보다 오랫동안 고민하고 생각한 답변을 정제된 언어로 들을 수 있다.

그래서 서면으로 답변해 줄 수 있는지 아니면 간단하게 말로 답변하는 게 편한지 미리 인터뷰할 대상에게 물어보고 인터뷰 형식을 정하는 것도 좋다. 그리고 보통 인터뷰하는 자리에서 기록하는 것이 쉽지 않으니, 인터뷰 내용을 녹음해 두고 나중에 발췌하는 것도 좋은 방식이다.

어떤 질문을 할까?

질문은 다양한 내용으로 구성할 수 있다. 평소 나 자신에 대해 알고 싶은 질문, 또는 의문이 들거나 궁금한 점들을 정리해서 던지면 된다. 자신의 '꿈, 성격, 역량, 장점, 단점, 이미지, 가치관, 성향, 흥미, 특성, 직업, 충고, 조언' 등을 물어보면 좋다.

예를 들자면 다음과 같은 질문을 던질 수 있겠다. 물론 본인의 필요에 따라 첨삭해도 좋다.

인터뷰하기에 좋은 질문들

- 저를 떠올리면 곧바로 떠오르는 이미지는 무엇인가요?
- 당신이 생각하는 제 장점은 무엇인가요?
- 당신이 생각하는 제 단점은 무엇인가요?
- 제가 하면 잘할 수 있겠다 싶은 일은 무엇이 있나요?
- 제가 보완해야 할 부분은 어떤 것이 있을까요?
- 제가 가지고 있는 남다른 개성이나 특징은 무엇이 있을까요?
- 저에게 해 주고 싶은 솔직한 충고나 조언은 무엇인가요?

인터뷰 대상이 가족이나 가까운 친구라면 '어린 시절에 자신은 어떤 사람이었는지, 어떤 일을 좋아했는지, 어떤 일을 싫

자존감의 근원을 찾아서

어했는지'와 같이 자신에 대해 기억하고 있는 삶의 자잘한 에피소드까지 물어보면 더욱 좋을 것이다.

다른 사람에게 나라는 존재에 대해 묻는 것을 두려워 말라! 내가 무엇을 잘못하고 있는지, 무엇을 잘하고 있는지 물어보라. 그 안에 내가 보지 못한 나의 비밀이 숨겨져 있을 수 있다.

심리학+

#거울 자아 이론

타인이 보는 자신의 모습에 대한 인식이 자아를 형성하는 데 영향을 미친다고 보는 이론. 사회적 관계 속에서 타인과 상호 작용을 하는 동안 개인은 타인이 보는 자신의 모습에 대해 인식하게 되고, 타인이 자신을 어떻게 볼 것인가를 생각하며 그 기대에 부합하는 방식으로 행동하게 된다는 것이다.

가장 중요한 건
눈에 보이지 않는다

프로이트는 한 개인을 알 수 있는 자료만 풍부하다면 그의 과거나 미래를 얼마든지 분석할 수 있다고 호언장담했다. 하지만 아무리 방대한 자료와 용한 점쟁이라도 한 개인의 미래를 정확히 예측하기란 거의 불가능하다.

마찬가지로 아무리 훌륭한 심리 검사 도구도 인간 심연의 역동성을 모두 다 밝혀낼 수는 없다. 그의 미래가 어떻게 흘러갈지는 더더욱 단언할 수 없다. 인간 삶의 변수는 사실상 무한대에 가깝기 때문이다.

물론 앞으로 성장하겠다든지 퇴보하겠다든지 정도는 과거와 현재를 보고 어느 정도 예측할 수 있다. 그러나 미래가 비관적으로 보이는 사람들에게도 한 가지 희망은 있다. 인간에게는 자기 삶을 원하는 방향으로 이끌어나갈 향상성(더 높아지거나 나아지고자 하는 성질)이 내재돼 있다는 점이다. 이는 현재의 의식과 행동을 이해하고 목표를 향해 적합한 행동을 지속함으로써, 원하는 상태를 만들어 낼 확률을 높일 수 있다는 뜻이다.

그러기 위해 끊임없는 자기 수련과 성찰의 과정이 필요하다. 자신 안에 해답이 있다고 믿고 자신을 이해하며 신뢰해야 한다. 그리고 그에 상응하는 가치 있는 행동들을 지속적으로 반복해 나간다면, 누구나 자기 삶의 완성도를 높일 수 있다.

내면의 눈으로 자신을 보라

독일의 심리학자이자 철학가인 빌헬름 분트는 인간의 심리 작용과 욕망을 알려면 자기 행동이나 경험을 스스로 관찰하는 내관법(內觀法)을 행하라고 주장했다. 어떤 특정 행동이나 심리 상태에 대해, 자신이 왜 그런 행동을 하고 왜 그런 심리 상태가 됐는지 스스로에게 질문하고 관찰하고 반성하고 유추해 보라는 것이다. 분트는 이 작업을 자주 하면, 미처 의식하지 못했던 자신의 꿈이나 욕망을 깨닫게 된다고 주장했다.

우리는 시간이 날 때마다 사색하고 또 사색해야 한다. 그러기 위해서는 끊임없이 자신에게 숙고할 수 있는 진지한 질문을 던져야 한다. 다음은 자기 스스로에게 던지는 질문들이다. 이러한 질문들을 스스로에게 물음으로써 나도 몰랐던 나의 내면의 모습을 파악할 수 있다.

인생의 의미를 찾기 위한 질문들

- 내 삶의 의미는 무엇일까?
- 삶이 나에게 요구하는 부분은 무엇일까?
- 내가 인생에 던지고 싶은 질문은 무엇인가?
- 내가 풀어나가야 할 당면한 삶의 과제는 무엇인가?
- 삶에서 내가 진정으로 이루고자 하는 것은 무엇인가?
- 살아오면서 중요한 것을 놓치고 있는 부분은 없는가?
- 더 나은 나를 만들어 나가기 위해 내가 던져야 할 질문은 무엇인가?

작가 생텍쥐페리는 『어린 왕자』를 통해 가장 중요한 건 눈에 보이지 않는다고 전했다. 중요한 것은 오로지 마음으로만 볼 수 있다고. 눈에 보이지 않는 것은 우리 내면에 숨겨져 있다는 의미가 아닐까.

꾸준한 자기 성찰은 바로 우리 내면에 숨겨진 인생의 해답과 비밀을 찾는 방법이다. 해답은 멀리 있지 않다. 바로 내 안에 있다. 인생은 질문을 던지고 그 해답을 찾아가는 자기 성찰의 여정이다.

#내관법

자신의 정신적, 심리적 상태나 심리적 작용, 욕망 등을 알기 위해 스스로의 행동이나 경험을 관찰해 보고한 자료를 분석하는 방법. 다른 사람의 자기 관찰을 활용해 자신을 찾기 위한 힌트를 얻기도 한다. 내성법 또는 자기성찰법이라고도 한다.

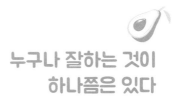

누구나 잘하는 것이
하나쯤은 있다

우리가 사는 세상은 고도화된 지식 사회이자 세분된 직업 사회다. 이런 사회에서는 점점 더 약점보다는 강점을 활용하는 것이 더 중요해진다. 강점이 얼마나 중요한지 역설적으로 보여주는 교육학자 R. H. 리브스의 동물 학교 우화를 소개해 본다.

동물들이 새로운 세계를 대비하기 위해 세운 동물 학교가 있다. 이곳에서는 미래의 변화를 대비하기 위해 '수영, 달리기, 오르기, 날기'를 필수 과목으로 정했다. 따라서 모든 학생들은 이 과목들을 반드시 이수해야만 했다.

오리는 수영에서 1등이었지만, 오르기와 달리기에서는 낙제했다. 그런데 낙제점을 보충하라는 선생님의 강요 때문에 오르기와 달리기에 지나치게 몰두하다가 그만 물갈퀴가 닳아버렸다. 이 바람에 수영마저도 제대로 못하게 됐다.

토끼는 달리기를 잘했다. 하지만 수영에서 낙제해 강도 높은 수영 보충 수업을 받아야 했다. 그렇게 물에서 오랜 시간을 보냈더니 다리가 퉁퉁 불어 달리기조차 할 수 없게 됐다.

다람쥐는 오르기 과목은 잘했다. 하지만 날기 점수가 낮아 별도로 보충 학습을 받았다. 날다람쥐도 아닌데 날기 위해 무리하게 연습하다 보니 다리를 다쳐서 오르기 과목에서도 낮은 점수를 받았다.

한편, 독수리는 날기 수업에서 1등을 하고 다른 여러 과목에서도 뛰어난 재능을 보였다. 하지만 반항아였던 독수리는 아무리 선생님이 독촉해도 날기 수업 외에는 도통 열의를 보이지 않고 불성실한 모습을 보였다. 결국 자신이 좋아하고 잘하는 것만 고집하다가 학사 경고를 받으며 퇴학 위기까지 내몰렸다.

결국 최우수 졸업생은 뱀장어가 됐다. 뱀장어는 '수영, 달리기, 오르기, 날기' 어떤 과목에서도 최고 높은 점수를 얻지 못했다. 하지만 낙제한 과목이 없는 유일한 학생이었기에 최우수상을 거머쥘 수 있었다.

리브스의 동물 학교 우화는 우리나라 학교 모습을 그대로 보여주는 듯하다. 영어는 잘하지만 수학이 안되는 학생을 억지로 수학에 매달리게 하고, 운동은 잘하지만 영어가 안되는 학생을 계속해서 영어 공부에 매달리게 한다. 이런 식으로 각 개인에게 맞지도 않는 교육을 강요하거나 몇 개 교과목으로만 학생들을 통일하려는 경향이 있다. 학생들 각자가 잘하는 것에 집중하도록 도와줘야 하는데, 정작 동물 학교처럼 못하는 것에 매달리도록 하고 있는 것은 아닐까?

이렇게 수동적인 학교생활에 익숙해진 학생들은 학교를 졸업해서도 주어진 일에만 매달리며 자신의 재능을 썩히고 살아가기 쉽다. 자신이 못하는 분야에만 매달리다 보니 성인이 돼서도 자신을 무능한 사람으로 규정해 버리는 우를 범하고 만다.

나만의 강점을 찾는 다섯 가지 방법

지금보다 더 나아지고 싶은가? 자기만의 강점을 찾고 싶은가? 그렇다면 다음 몇 가지 방법이 자신의 강점을 찾아주는 좋은 지표가 될 것이다.

1. 과거를 돌아보며 자전적 이야기 기록하기

자신의 삶을 되돌아보는 과정은 중요하고 유익하다. 태어나서 지금까지 있었던 경험 중에서 기억나는 에피소드를 가능한 한 모두 기록해 본다. 자서전을 쓴다는 느낌으로 하나하나 기억해 보자. 세세하게 기억이 나지 않는다면 책의 목차처럼 제목만이라도 기록해 두는 것도 좋다.

2. 지나온 경험에서 성과를 냈던 일 찾기

경제적으로 이익을 봤던 일도 좋고, 심리적으로 보람을 느낀 경험도 좋다. 살아오면서 성과를 냈던 경험을 기록해 본다. 그리고 그런 결과를 만들어 낼 수 있었던 이유와 방법이 무엇이었는지 찾아본다.

3. 오랫동안 해온 일에서 찾기

성공한 사람들을 보면 의외로 좋아하는 일이 아닌 '자신이 오랫동안 해온 일'에서 강점을 찾은 경우도 많다. 대다수의 사람들은 단순하고 반복적인 작업을 싫어한다. 그래서 하고 있는 일로부터 무작정 도피하려는 경향이 있다. 하지만 어떤 일을 몇 년이나 반복해 왔다면, 그 속에 자신의 강점이 숨겨져 있을 수 있다. 당신이 오랫동안 해 왔던 일은 무엇인가?

4. 다른 사람들을 통해 자신을 살펴보기

자신을 평가할 때는 객관적인 시선이 필요하다. 다른 사람들은 자신을 어떻게 평가하는지, 그들이 나의 장점을 뭐라고 생각하는지 살펴보자. 그 속에 내가 모르는 강점이 숨어있을 수 있다. 사람들에게 자신의 장점과 더불어 단점도 물어봐야 한다. 그러다 보면 마음의 상처를 받을 수도 있다. 하지만 그런 객관적인 평가를 통해 숨겨진 나를 파악해 나갈 수 있다.

5. 내면의 소리에 귀 기울이기

자신만의 온전한 강점을 찾고자 한다면 결국 자기 힘으로 찾아야만 한다. 그러려면 내면의 소리에 귀를 기울여야 한다. 우리의 내면은 울림을 통해 우리에게 끊임없이 신호를 보내온다. 그러나 우리는 그런 신호를 쉬이 무시해 버리고 만다. 그로 인해 진정한 자신을 잃어버릴 수 있다. 내면은 본질적으로 타고난 '성격, 기질, 성향, 마음, 심리, 의식, 초자아' 등으로 말할 수 있다.

평소에 자신에게 일어난 사건에 대해 깊이 반추해 보는 사색도 도움이 된다. 뭔가를 행하려는 행동을 잠시 멈추고 하루 5분만이라도 오로지 호흡에 집중하며 명상을 하는 것도 자신의 내면을 들여다볼 수 있는 좋은 방법이다.

이럴 때 아래에 나열한 질문을 던져보면서 그 해답을 생각
해 보는 것도 도움이 된다.

강점을 찾기 위한 질문들

- 내가 잘하는 것은 무엇이고, 못하는 것은 무엇인가?
- 내 강점을 드러내기 위해 필요한 태도는 무엇인가?
- 나는 지금까지 어떤 부분에서 성과를 내 왔는가?
- 내가 가진 강점 중에 최고의 강점은 무엇인가?
- 강점을 더욱 더 강화하기 위한 전략은 무엇인가?
- 나는 무엇이 문제이며, 무엇을 보완해야 하는가?
- 내 약점 속에 숨어 있는 강점은 없는가?
- 나는 어떤 일을 했을 때 만족하고 즐거워했는가?
- 어떤 일을 했을 때 가장 큰 보상을 받았는가?
- 지금 내가 할 수 있는 최선의 선택은 무엇인가?

이러한 질문을 던지고 해답을 생각해 봄으로써 자기만의
강점을 이끌어 낼 수 있다. 다만, 강점은 질문과 생각만으로
찾아지는 것이 아니다. 몇 가지 조건이 필요하다.

앞으로 어떤 일이 닥쳐도 피하지 않고 온몸으로 경험하겠
다는 단단한 각오와 다짐이다. 한 분야에서 어느 정도 반열에

오를 때까지는 인내심을 가지고 집요하게 지식과 기술을 익히며 다양한 실전 경험을 거쳐야 한다. 이렇게 끈기 있게 자신의 강점에 몰입할 수 있는 사람은 단언컨대 한 분야의 전문가로 도약할 수 있다.

심리학＋

#강점

가치 있는 성과를 내기 위해 최적의 능력을 발휘할 수 있도록 느끼고 믿고 행동하도록 하는 역량. 일반적으로 남보다 우세하거나 더 뛰어난 점으로, 어떤 일을 완벽에 가까울 정도로 일관되게 처리해 내는 능력을 말한다. 강점 중에서도 최고의 강점을 '핵심 강점'이라고 부른다.

나를 존중할 사람은
나밖에 없다

　　　　　　20대 초반, 죽고 싶을 정도로 나 자신을 미워한 적이 있다. 당시의 나는 돈도 없고, 무능하고, 머리도 안 좋은 데다, 의지력도 약하고, 앞으로의 미래도 깜깜하게만 느껴졌던 시절이었다. 누군가 현재 자신의 모습을 그려 보라고 했다면 주저하지 않고 검은색으로 칠했으리라. 만일 미술 치료를 하는 사람이 그 그림을 봤다면 우울증이나 정서적 불안으로 치료가 필요하다고 진단했을 것이다.

　그렇게 한정 없이 헤매던 무렵, 몇 권의 책을 읽고 큰 힘을 얻었다.『아카바의 선물』『프랭클린 자서전』『적극적 사고방식』『아들아 너는 인생을 이렇게 살아라』등의 자기 계발 서적들이었다.

지금 젊은이들에게는 다소 촌스럽게 느껴질 수도 있는 오래된 책들이지만, 그 당시 내게 이런 책들은 어둡게만 보이던 내 삶에 용기와 활력을 불어넣어 준 한 줄기 빛 같은 책들이었다. 나는 책에 나오는 문구들을 작은 수첩에 기록해 두고 반복적으로 읽으며 마음속으로 새겼다. 그리고 옮겨 둔 문구들을 끊임없이 반복함으로써 자시 암시에 성공했다. 그렇게 내면의 열등감을 서서히 제거해 나가며 자존감을 높여나갈 수 있었다.

자존감이란 자기가 자신에게 내리는 평가를 의미한다. 자존감은 자신이 맡은 사회적 역할, 가정에서의 처우, 외모와 신체에 대한 만족도 등에서 영향을 받는다. 무엇보다 누가 뭐래도 자기가 자신을 확고히 믿을 때 가장 훌륭한 방패가 될 수 있다.

인간은 자신을 존중할 때 비로소 진정한 자신감을 가지고 살아갈 수 있다. 세상 누구도 나를 이유 없이 떠받들어 주지 않는다. 나 자신을 높이는 가장 현명한 방법은 나 스스로 자신을 높이는 것이다. 그래야 대인 관계에서도 긍정적 관점을 가지게 되며, 삶의 질을 높이고 성공적인 사회생활을 영위할 수 있다.

자존감을 높이는 자기 암시

자존감은 어떻게 높일 수 있을까? 가장 기본적인 방법은 끊임없는 자기 암시다. 자기 암시를 위해 읽었던 여러 권의 책들 중 오그 만디노의 『아카바의 선물』은 청춘의 나 자신을 북돋아 준 책이다.

당시 나는 이 책을 몇 번이나 읽고 또 읽었다. 그런 뒤 좋아하는 글귀를 수첩에 옮겨 적고, 아침에 일어나 잠들 때까지 반복해서 읽고 또 읽었다. 1년 정도 반복해서 읽으니 나도 모르게 삶에 활기가 느껴졌다. 그렇게 자존감을 세우면서 내 안에 잠든 거인이 깨어나는 것을 느낄 수 있었다. 그때 노트에 기록해뒀던 글귀들을 여기에 적어본다. 여러분도 아래 문장들을 읽을 때 소리 내서 읽으면 더 좋겠다.

- 오늘부터 나의 새로운 인생이 시작된다!
- 나는 사랑이 충만한 마음으로 오늘을 맞이하리라!
- 나는 성공할 때까지 투쟁하리라!
- 나는 자연의 위대한 창조물이다!
- 나는 마치 최후의 순간이 찾아온 것처럼 살아가리라!
- 나는 이제부터 내 감정의 지배자가 되리라!

- 나는 웃으면서 이 세상을 살아가리라!
- 나는 오늘 나의 가치를 몇 백 배 증대시키리라!
- 나는 이제 실천해 가리라!
- 이제부터 나는 기도를 드리리라!

#자기 효능감

자신에게 닥친 일을 성공적으로 풀어나갈 수 있는 능력이 있다고 믿는 신념이나 기대감. 자기 효능감이 높은 사람은 새로운 업무나 도전적 과제가 주어졌을 때 기꺼이 시도해 보며, 스스로 더 높은 목표를 설정해 좋은 결과를 얻는 경향이 강하다. 자기 효능감을 높이려면 자신을 믿고, 주어진 상황을 긍정적으로 받아들이며, 자신감 있게 행동하며, 평소에 정서적 안정감을 유지하는 것이 좋다.

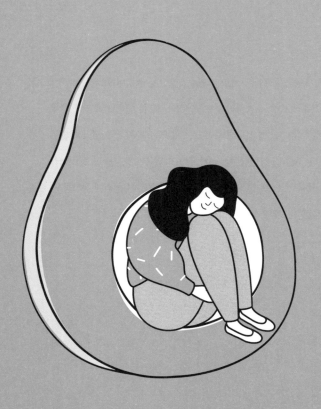

Chapter 3

관계 심리학 :
너무 가깝거나, 너무 멀거나

왜 내 곁의 사람은
멀어지기만 할까?

20대의 가장 큰 고민 중에 하나가 바로 대인 관계다. 비단 20대뿐만 아니라 중장년층에게도 사람들과의 관계는 언제나 큰 고민거리가 아닐까.

언젠가 20대 초반 여학생이 친구 문제로 고민을 토로한 적이 있다. 새롭게 사귄 친구가 있는데 가까이 다가갈수록 자꾸 멀어지는 느낌이 든다는 것이다. 그녀의 이야기를 들어봤다.

사람들과의 관계에 어려움을 겪고 있는 이들을 보면, 상대가 문제인 경우도 있지만 본인에게 문제가 있는 경우도 있다. 그런데 그런 사실조차 느끼지 못하는 경우가 의외로 많다. 이 학생의 경우에도 그랬다.

"저는 독실한 기독교인이에요. 최근에 친한 친구 두 사람을 전도하는 데 성공했어요. 그런데 그 뒤에 이 친구들과의 관계가 계속 뒤틀리고 있어요. 종교 이야기만 꺼내면 친구들이 심하게 거부감을 보이거든요. 친구들을 아끼니 그런 말을 안 꺼낼 수도 없고, 그러다 보니 자꾸 부닥치게 되네요."

어떤 이유로 다투게 되느냐고 물어보니 대부분 종교적인 이유 때문이라고 한다. 친구들 이야기를 듣다 보면 너무 죄스럽고 안타까워서 예수님 이야기를 꺼낸 뒤 믿음으로 문제를 해결하라고 타이르는데, 그때마다 충돌이 생긴다는 것이다.

이런 경우, 충돌을 자초하는 사람은 그녀 본인일 가능성이 크다. 대화를 꺼리던 친구들이 계속해서 자기주장만 펼치는 그녀를 보고 이제는 만남 자체를 꺼리게 된 것일 수 있다. 정작 본인은 그런 원인을 모르고 있는 듯했다.

내가 아는 어떤 친구는 기독교인임에도 이 학생의 태도와는 사뭇 다르다. 이 친구는 종교 얘기를 거의 꺼내지도 않지만 평소 온화하고 따뜻한 성품으로 정평이 나 있다. 스스로에게도 엄격한 삶의 규칙을 정하고 고수하는 모습에 친구들이 존경을 표할 정도다. 그러다 보니 이제는 친구들이 먼저 고민 상담을 의뢰한다.

이 친구는 다른 친구들이 고민을 털어놓으면 종교적 견지에서만 문제 해결을 도모하지 않는다. 친구가 스스로 그 문제를 극복할 수 있도록 인간적인 위로의 말을 곁들이면서 실질적인 대안도 제시해 준다. 그러다 보니 오히려 친구들 쪽에서 이 친구를 따라 개종하는 경우가 적지 않다.

일방적인 관계는 없다

비단 종교 문제로 인한 갈등뿐만이 아니다. 누군가와의 관계에 문제가 생겼다면 상대를 탓하기 전에 '사람을 대하는 내 방식에는 문제가 없는지'부터 진지하게 살펴봐야 한다.

상담실에서 만난 또 다른 남학생도 비슷한 고민을 하고 있었다. 중·고등학교 때도 종종 그랬는데, 대학교에 가서도 시간이 흐를수록 친구들과 멀어진다고 고민을 토로했다. 처음에는 서로 잘 연락하고 어울리다가 나중에는 연락조차 안 하게 된다고 했다.

한번은 오랜만에 친구에게 전화를 했는데 그 친구가 모르는 사람처럼 "누구세요?"라고 말하는 걸 듣고 화가 나서 그 친구 번호를 지워버렸다고 한다. 그 뒤로 연락이 잘 안 되거나 자기를 기억하지 못하는 사람은 어차피 가까워질 사람이 아니라고 생각해서 휴대폰에서 저장된 번호를 곧바로 지워버렸다고 한다.

그런데 그 역시 번호가 저장 안 된 친구로부터 전화가 왔을 때 "누구세요?"라고 냉랭하게 대답한 적이 있다고 한다. 애초에 그 친구의 번호를 지운 건 다름 아닌 바로 그 자신이었다. 그런데도 정작 자기 잘못은 모르고 있는 듯했다.

살다 보면 친절하던 사람이 어려운 상황으로 인해 차갑게 변할 때도 있기 마련이다. 경우에 따라서는 좋아하는 사람들로부터 거절을 당하는 일도 생긴다. 그런 사실에 너무 깊이 절망하거나 기분 나빠할 필요는 없다.

만나자고 했을 때 상대가 "어, 나 좀 바쁜데" 했다고 치자. 내가 싫어서 대는 핑계일 수도 있지만, 진짜 바쁜 사정이 있을 수도 있다. 이럴 때 상대의 반응을 긍정적으로 바라보는 편이 정신 건강에도 훨씬 좋다.

실제로 상대가 싫다고 외면하면 또 어떤가. '그런가 보다' 하면 된다. 실망이 큰 것은 상대에 대한 과도한 기대감 때문이다. 인간관계에서도 마찬가지다. 실망이 컸다면 그만큼 기대도 컸다는 뜻이다. 그럴 때 혹시 내가 이 사람에게 자신이 준 사실만 기억하고, 받기만 원한 건 아닌지도 살펴야 한다. 기대감을 낮춰야 만족감이 올라간다.

인간관계를 잘 형성하고 싶다면 어떻게 해야 할까.

첫째, 겸손한 태도를 유지해야 한다. 상대에 대한 배려와 사람에 대한 간절함이 있어야 한다. 한편으로는 모두를 만족시킬 수 없음도 받아들여야 한다.

둘째, 자아 이미지를 업그레이드해야 한다. 나 자신의 역량을 키우고, 그릇을 키우고, 전문성을 키우면 사람들이 절로 모이기 마련이다.

셋째, 아집과 욕심을 버려야 한다. 기존에 누려왔던 자신의 지위나 직위, 신분, 명예, 권력, 나이, 학력, 욕심, 고정관념 등을 내려놓을 수 있어야 한다.

넷째, 마음을 먼저 줄 수 있어야 한다. 그런데 대부분의 사람들은 한두 번 노력하곤 금세 포기해 버린다. '나는 마음을 줬는데 반응이 없더라'는 식이다. 하지만 건강한 관계를 쌓으려면 상대의 감정 계좌에 잔고를 부지런히 쌓아나가야 한다. 따뜻한 말이나 눈빛과 같은 소소한 것들이라도 부지런히 저축해 보자.

관계를 맺으려면 어느 정도의 시간적 투자와 더불어 금전적 투자와 에너지 투자도 필요하다. 그러기 위해서는 상대를 향한 내 마음의 문이 열려있어야 한다. 마음의 문을 연 사람은 상처에 노출될 수밖에 없다는 사실도 받아들여야 한다.

그런 사실을 받아들일 수 있다면 아픈 만큼 성숙해지기 마련이다.

#대인 관계 지능

다른 사람들과 관계를 맺고 상대의 생각과 감정, 느낌이나 의도 등을 이해하며 조화롭게 상호 작용할 수 있는 능력. 대인 관계 지능이 높은 사람은 타인의 마음 상태가 어떠한지 추론할 수 있고, 감정의 다양한 특성을 알기에 그에 맞게 올바르게 대처하며, 세련되게 대화한다. 또한 친구가 많고 타인을 잘 도와주며 상황에 맞게 행동하기 때문에 인간관계가 원만한 편이다.

사람은 혼자서
살아갈 수 없다

　　학창 시절에만 따돌림이 있을까? 아니다. 어른들 사이에도 은근히 따돌리는 '은따'가 있다. 사회생활에서도 무리에서 외롭게 떨어져 어쩔 수 없이 동굴 속으로 쫓겨나는 이들이 있다. 이제 따돌림은 어린아이뿐만 아니라 어른들까지도 포함하는 사회적 문제다. 나이 들어서까지 '따돌림 그림자'에 시달려서야 되겠는가. 어느 날, 한 대학생이 이런 고민을 털어놓았다.

　　"저는 친구들과 두루두루 친한 편이거든요. 그중에 A라는 친구가 있는데, 문제가 좀 생겼어요. 다른 친구들이 A라는 친구를 싫어해서 저에게 그를 만나지 말라고 하는 겁니다. 갈등이 됐어요. 고민 끝에 그래도 친구인데 A를 따돌릴 수 없다고 결론지었습니다. 그런데 머리로 판단한 것과는 달리 제가 어느새 A를 멀리하고 있더군요. 도대체 어떻게 해야 좋을지 모르겠어요."

집단 상담 중에 많은 학생들이 이런 상황에 대해 다양한 생각과 의견을 내놨다. 그런데 의외로 비슷한 경험을 한 친구들이 많았다. 피해자인 경우도 있었고, 알게 모르게 가해자로 가담했던 경우도 있었다.

그중에 심각한 폭력 사태를 겪고 난 뒤 정신과 치료까지 받았던 학생도 있었다. 다행히 그는 오히려 전보다 강해졌다고 한다. 다만, 마음속에 사람에 대한 깊은 불신이 자리 잡게 됐다고 고백했다. 참으로 안타까운 사연이다. 사람에 대한 불신이야말로 지우기 어려운 깊은 상처다.

나는 따돌림 고민을 의뢰한 학생에게 이렇게 질문을 던졌다.

"그렇다면 그런 고민을 하게 되는 진짜 이유가 뭘까요? 두려워하는 이유가 솔직히 무엇인가요?"

그는 내 질문에 멈칫거리더니 혹시나 자신에게 돌아올지도 모를 피해가 무섭다고 답했다. 자신도 친구 무리와 떨어지게 될지도 모른다는 두려움 때문에 자기도 모르게 친구를 멀리한 것이다. 누가 그에게 돌을 던질 수 있겠는가.

사람들과 함께 살아가기

인간은 근본적으로 무리 속에서 살아가기를 원한다. 소속감은 인간의 본능이다. 누구나 버림받는 것에 대한 유기 불안이 존재한다. 그래서 혼자보다는 삼삼오오 몰려다니는 것을 편하게 여긴다. 학교나 직장이나 사회 어디에서든 사람들은 그룹을 형성한다. 문제는 자신과 맞지 않는 사람을 의도적으로 그룹에서 소외시킬 때다. 그렇게 그룹으로부터 고립된 사람들은 사회적 소수자로서 불이익을 겪을 수 있다.

상담을 요청해 온 학생처럼 경우에 따라 왕따를 당하지 않기 위해 왕따에 가담하는 경우도 있다. 즉 피해자가 가해자가 되고, 가해자가 피해자가 될 수도 있다. 여러 연구에 의하면, 오히려 집단 따돌림을 당해본 경험이 있는 사람이 유사한 상황이 발생할 때 집단 따돌림에 가담하게 되는 경우가 적지 않다고 한다.

가장 큰 문제는 집단 소외를 당한 사람이 겪는 정신적 상처다. 학교나 직장을 그만두거나 심지어는 삶의 의욕을 잃고 극단적인 선택을 하는 경우도 있다. 따돌림에서 벗어나더라도 평생 타인에 대한 불신을 품고 살아가게 되는 경우도 많다. 한 개인에게 벌어진 작은 문제가 종래에는 크게 자라나 사회적인 불신과 무관심으로 확대될 수도 있다.

용기 있는 행동은 설령 내가 좀 피해를 입어도 힘들어하는 상대를 포용해 주려는 따뜻한 마음이다. 아니, 드러나게 옹호해 줄 용기가 없다면 적어도 집단으로 사람을 따돌리는 행동에 가담하지는 않아야 한다.

타인에게 휘둘리지 않고 강해지는 법

따돌림이 두려운가? 지금 따돌림을 겪고 있는가? 물론 그런 일이 없다면 좋겠지만, 따돌림을 당하는 상황에 직면했다면 독한 전략으로 적극적인 대응이 필요할 때도 있다.

로버트 그린의 『전쟁의 기술』을 펼쳐보자. 이 책에서는 상대가 힘이 없거나 약한 모습을 보이면 더 심하게 공격을 가하려는 경향의 사람이 있다고 지적한다. 사실 상대가 약한지 아닌지 파악하는 것은 쉽지 않다. 단지 겉으로 드러나는 모습을 기반 삼아 판단할 뿐이다.

따라서 따돌림을 당하지 않으려면 상대에게 '나와의 싸움이 결코 만만하지 않을 것'이라는 인상을 줘야 한다. 다음은 이 책이 전하는 전쟁의 기술인데, 따돌림에 대응하는 전략으로도 충분히 유용하다.

- 대담한 행동으로 기선을 제압하라

  나를 공격하는 상대에게 예기치 못한 대담한 행동을 취하라. 겁 없이 자신감 넘치는 행동을 보여 줌으로써 '저 사람은 약할 것'이라는 인식을 뒤집는 기술이다.

- 위협을 맞받아쳐라

  소규모라도 기습 공격을 가해서 겁을 줘라. 적이 소중히 여기는 것을 위협하라. 화가 나서 반격해 오면 잠시 후퇴했다가 그들이 예상치 못한 시점에 다시 공격하라.

- 예측 불가능하고 비이성적인 모습을 보여라

  마치 아무것도 잃을 게 없다는 듯이 다소 자멸적인 성향을 보여 줘라. '나는 비이성적이기 때문에 무슨 짓이든 벌일 수 있다'고 넌지시 비쳐라.

- 상대를 고민하게 만들어라

  중개자를 통해 당신이 무슨 사건을 벌일지도 모른다는 이야기를 적에게 간접적으로 전달해서 불안감을 안겨 줘야 한다.

까다롭거나 완고하거나 난폭하거나 쉽지 않은 상대라는 평판을 구축하라. 필요한 상황에서 강인하고 단호한 모습을 보여라.

사람은 무리로부터 떨어져 홀로 설 때 비로소 더 강해지기도 한다. 그러니 집단으로부터 따돌림 당하고 있다고 해서 좌절하지 말자. 내가 나를 버리지만 않는다면, 누구도 나를 온전히 따돌릴 수는 없다. 타인에게 휘둘리지 말고 더 강해지겠다고 스스로 다짐해 보자.

착하게 사는 건 좋다. 나도 착한 사람 좋아한다. 누군들 그러하지 않겠는가. 하지만 희생을 강요당하며 당하고만 사는 것도 억울한데 따돌림까지 당해서야 쓰겠는가. 도대체 얼마나 더 착하게 살아야 하나? 때론 독하게 부딪혀 보자!

심리학+

#고슴도치 딜레마

인간관계에 있어, 서로의 친밀함을 원하면서도 동시에 적당한 거리를 두고 싶어 하는 욕구가 공존하는 모순적인 심리 상태.

충돌을
두려워하지 말라

언젠가 내게 개인 상담을 요청한 학생이 있다. 그녀는 언뜻 보면 밝고 쾌활해 보여 걱정이 없을 것 같아 보였다. 그런데 최근 기숙사에서 도움을 주고 있는 시각 장애인과 트러블이 생겨서 기숙사 생활 자체가 힘들어지는 상황으로 내몰렸다. 그나마 사귀던 남자 친구가 있어 위로가 됐지만, 최근에 남자 친구와도 헤어지는 바람에 더 깊은 충격에 휩싸여 있었다. 집에라도 자주 가면 좋을 텐데, 형편이 넉넉지 못해 기숙사에만 박혀 생활하니 외로움만 더 커져갔다.

알고 보니 이 학생의 모든 문제는 아버지로부터 시작된 것이었다. 그녀의 아버지는 알코올 중독자에 가까운 술꾼으로,

집에만 오면 큰소리를 지르고 행패를 부렸다. 그런데 그녀는 아버지의 행패에 단 한 번도 반항해 본 적이 없었다. 말수를 줄이고 퉁명스럽게 대답하는 정도가 그녀가 할 수 있는 최대의 반항이었다.

좀 더 깊이 이야기를 나눠 보니, 그녀는 아버지의 알코올 중독에 대한 책임이 자기 자신에게 있다고 믿고 있었다. 중학생 때, 그녀는 우연찮게 서랍 속에 있던 계약서 같은 종이를 발견해 아버지에게 무슨 서류인지 물어봤다. 알고 보니 그것은 어머니가 아버지 몰래 숨겨둔 차용증이었다. 아버지는 곧바로 어머니를 추궁했고 숨겨진 사실이 밝혀졌다. 당시 그녀의 엄마는 가까운 지인에게 돈을 빌려줬다가 사기를 당했고, 이 사실을 숨기고 있었던 것이다. 이 일로 어머니와 아버지 사이에 언성을 높이는 일이 잦아졌다. 그 무렵부터 아버지는 진탕 취해서 돌아오는 날이 많아졌다. 그녀는 그때 자기가 그 차용증을 아버지에게 보여주지만 않았어도 아버지가 저렇게까지 되지는 않았을 거라고 믿고 있었다.

그렇게 그녀는 아버지에 대한 죄책감과 연민으로 모든 일을 자기 탓이라고 여겼다. 이런 태도가 다른 사람과의 관계에도 이어져 지나치게 타인의 눈치를 살피게 됐다. 자신만 잘한다면 다른 사람들은 아버지처럼 행동하지 않을 것이라고 믿게 된 것이다.

그녀가 돌보고 있는 장애인과의 문제도 그 연장선에서 벌어진 일이었다. 내막을 알고 보니, 그 상황은 상대 쪽에서 그녀를 트집 잡아 벌어진 문제였다. 사귀던 남자 친구와 헤어진 것도 마찬가지였다. 헤어진 남자 친구는 그녀와 사귀면서도 다른 여자와 1박 2일로 여행을 다녀올 정도로 바람둥이였다. 문제 많은 남자였고 헤어지는 편이 더 나았다. 그럼에도 그녀는 모든 잘못을 눈감아 주고 혼자 끌어안으려고 했다.

이유는 다른 게 아니었다. 그녀는 자신을 자책해서라도 충돌을 피하고 싶었던 것이다. 지금껏 그녀는 충돌의 순간에 '회피'라는 해결법을 반복적으로 선택해 온 것이다.

당신 탓이 아니다

대부분의 아이들은 부모와의 충돌 자체를 꺼린다. 충돌 자체를 꺼리는 아이들은 드센 부모에게 억눌려 수동적으로 변해버리는 경우가 많다. 하지만 '비 온 뒤에 땅이 굳어진다'는 말이 있듯, 때론 충돌을 감수해야만 할 때가 있다. 교육 심리학자 장 피아제가 말한 충돌의 순기능을 살펴보자.

피아제는 '충돌'을 심리 발달 단계의 결정적인 부분으로 보았다. 아동은 처음에는 또래와, 나중에는 부모와의 싸움을 통해 세상에 적응하는 방법을 배우며 문제 해결 능력을 발달시킨다고 봤기 때문이다.

어떤 경우라도 충돌을 회피하려는 아이는 사회적, 심리적으로 어려움을 겪을 수 있다. 이것은 성인에게도 똑같이 적용된다. 성인도 싸움을 통해 무엇이 통하고 무엇이 통하지 않는지, 어떻게 스스로를 방어하고 보호할 수 있는지 배우게 된다.

누구에게나 아버지는 어려운 상대다. 그래도 아버지를 피하기만 해서는 안 된다. 나는 그녀에게 지금까지 아버지의 행동 때문에 얼마나 많은 상처를 받아왔는지 솔직하게 털어놓아야 한다고 말했다. 물론 어려운 일이다. 그렇게 말해 봐야 아버지가 변하지 않을 수도 있다. 그렇지만 자신의 마음을 솔직하게 털어놓는 용기가 필요하다.

모든 저항에는 용기가 필요한 법이다. 실패하더라도 용기 있게 문제 해결을 시도해 보는 것이다. 그러면 결과와 상관없이 문제를 해결해 나갈 힘과 용기가 내 가슴 깊은 곳에 고스란히 남는다. 그런 용기가 앞으로 삶에서 강력한 에너지가 돼줄 것이다. 만약 직접적인 충돌이 두렵다면 편지를 써보는 것도 좋다. 그 편지를 부쳐도 좋고, 부치지 않아도 좋다.

그리고 또 한 통의 편지가 필요하다. 어린 시절의 자신, 두려움에 떨고 있을 그 아이에게 '겁내지 말고, 용기를 가지라'고 위로하는 편지를 써보는 것이다. 심리학자 융은 이런 행동을 두고, 어른이 돼서도 '상처 받고 있을 내면의 아이'를 치유하는 방법이라고 했다.

한편으로는 아버지도 근본적으로 나약할 수밖에 없는 인간이라고 동정심을 가져보는 것도 좋다. 자신을 위해서 아버지를 이해하고 용서해 줄 필요도 있다. 그렇지 않으면 이 상처는 고스란히 자신에게 되돌아오기 때문이다.

용서의 진짜 의미

타인에게 상처 받았을 때, 자신에게 상처를 준 사람을 증오하면서 오히려 자기 인생까지 망치려 드는 사람들이 있다. 얼마나 어리석은 복수인가. 용서라는 건 과연 상대만을 위한 것일까? 아니다. 상대가 아니라 나 자신을 위한 것이기도 하다. 그래야만 자신의 깊은 상처로부터 벗어날 수 있기 때문이다. 그렇기에 우리는 비록 상대가 잘못했더라도 나를 위해 상대를 용서할 수 있어야 한다.

한편, 자식에게 지나친 사랑을 퍼붓는 부모도 걸림돌이 될 수 있다. 어떤 부모는 자식이 사명감을 가지고 하려는 일을 '돈이 안 된다. 안정적인 일이 아니다. 남들 보기에 좋지 못하다. 네가 할 일이 아니다' 같은 말로 진로를 가로막는다. 이럴 때 여러분은 어떻게 하겠는가?

물론 부모님의 말에는 새겨들을 부분이 많다. 하지만 부모님은 안정적이고 보수적인 주장만 펼칠 가능성이 높다. 부모님의 조언이 내 삶을 가로막는 장벽이 될 때는 반대를 뛰어넘어 맞설 용기도 필요하다. 그때가 언제가 될지는 모른다. 하고자 하는 의지와 신념이 확고해지면 맞서야 할 상황이 보일 것이다. 선택은 자기 확신이다.

만일 가족에게 상처 받은 과거가 있다면 용기 내 맞서고, 사과 받고, 용서하자. 혹시 사과를 받지 못하더라도 자기 자신을 위해 용기를 냈다는 사실이 스스로에게 위로가 될 수 있다.

또한 자신이 잘못한 과거도 마찬가지다. 이제 그만 자기 자신을 용서하자. '자기 용서'란 자기가 범했던 실수, 타인에게 상처 줬던 일, 하지 말았어야 했던 행동 등의 자기 잘못을 인정하는 과정이다. 이와 동시에 자신을 지나치게 비난하지 않는 것도 포함된다. 스스로를 토닥거리는 행위는 다른 사람을 용서하는 것만큼이나 중요하다.

용서는 굳이 말하지 않아도 진심으로 전해진다. 누군가를 용서하고 그를 진심으로 대하면 상대도 당신이 용서했음을 눈치 채고 고마워하며 조심할 것이다. 자신에게도 그렇게 하면 된다. 그때 왜 그랬는지 이해한다고, 이제는 용서한다고 말해 보자.

심리학+

#경험 회피

불안과 두려움과 같은 부정적 감정으로부터 회피하려는 현상. 이런 경험 회피는 당장에는 안정감을 불러올 수 있으나 장기적으로는 더 큰 문제를 불러일으킬 수 있다. 인생에서는 행복이 있으면 불행도 있고, 기쁨이 있으면 슬픔도 있기 마련이다. 마음이 건강하려면 불안과 고통과 트라우마를 피하지 않고 받아들이는 자세가 중요하다. 어떠한 경험도 기꺼이 수용하려는 태도가 경험 회피 치료의 핵심이다.

완벽한 관계를 꿈꾸는
사람들에게

20대 중반이 넘어가면, 남녀 간 연애에도 고려할 부분이 많아진다. 그런데 의외로 많은 사람들이 이성의 선택 기준을 운에 맡긴다. 20대 친구들 중에는 이성을 만날 때 가장 중요시하는 것으로 '필(feel, 느낌)'을 꼽는 사람이 많다. 사랑하기 위해서는 조건보다는 필이 꽂혀야 하고, 외모보다 마음에서 느껴지는 느낌을 중요하게 생각한다는 말이다.

사실 그 필이라는 놈도 한 꺼풀 벗겨보면 운명적 만남에 대한 기대감과 일맥상통한다. 젊은 날에 느낌을 중요시 여긴다고 문제될 건 없다. 문제는 배우자 선택에서도 중요한 선택 조건으로 느낌을 내세울 때다. 주변을 둘러보면 동화 속 주인공처럼 운명적 만남만 기다리며 세월을 보내는 사람이 제법 있다.

인생의 중요한 선택에 느낌만 강조했다가는 실패할 확률이 더 높다. 게다가 어떤 젊은이들은 배우자뿐만 아니라 친구 관계, 직장이나 사회적 관계에서도 필을 외친다. 그러다 보니 사람에 대한 기대감도 높고, 실없는 사람이 되지 않기 위해 쉽게 마음의 문을 열지 않는다. 느낌이 통하는지 보려고 잠시 마음의 문을 열었다가도 아니다 싶으면 곧장 닫아버리니 비집고 들어갈 틈이 없다. 심지어 관계를 오래 끌고 가는 것도 끈적끈적하다고 싫어한다.

직장에 들어가도 마찬가지다. 명함은 연락해도 좋다는 뜻일 텐데 연락받을 것을 기대하지 않으며 명함을 건넨다. 명함을 건네준 사람으로부터 연락이 와도 '이 사람이 왜 연락하는지' 의문을 표명한다. 때로는 이성 친구조차도 명함처럼 손쉽게 집어넣었다가 손쉽게 던져 버린다. 그러면서도 남다른 상대를 꿈꾼다. 이런 친구들을 볼 때면 완벽한 여자를 찾으러 다니던 한 남자의 우화가 떠오른다.

키도 크고 잘생기고 집안도 좋은 한 멋진 남자가 있었다. 그를 흠모하는 여자들도 많았다. 하지만 남자는 자신과 맞는 완벽한 여자를 만나고 싶었다. 완벽한 여자를 만나기 위해 평생을 바치겠다고 다짐하고 고향을 떠나 세상을 돌아다녔다. 남자의 간절한 소원이 하늘에 닿았는지, 남자는 온갖 어려움을 극복하고 그토록 찾아 헤매던 완벽한 여인을 만났다. …… 하지만 안타깝게도 그녀와 맺어지진 못했다. 그녀도 완벽한 남자를 찾고 있었기 때문이다.

이것은 동화 속에서만 벌어지는 이야기가 아니다. 현실에서도 비일비재하게 일어난다. 많은 사람이 다른 사람과 맞춰 살기보다는 자기 마음에 딱 맞는 관계를 꿈꾼다. 친밀한 친구 관계나 이성일수록, 배우자가 될 사람일수록 기대는 더 크다.

누구나 완벽한 관계를 꿈꾸지만 그런 관계는 없다. 완벽한 사람도 없다. 만일 완벽한 상대를 요구하고 있다면 '나는 완벽한 사람인지, 나는 완벽한 관계를 구축하려고 노력하고 있는지' 반성부터 해야 한다. 중요한 것은 우리가 만나는 사람들을 있는 모습 그대로 존중하며 함께 호흡하려는 태도다.

좋은 배우자 선택 기준

그렇다면 배우자를 선택할 때 가장 중요한 것은 무엇일까?

외모, 경제력, 체격, 직장, 집안, 학벌, 나이, 종교 같은 '조건'이 중요한 것일까? 물론 정답은 없다. 하지만 경험을 통해 어느 정도 기준을 마련해 볼 수는 있을 것이다. 내가 제시하는 좋은 배우자 선택 기준을 참조해 여러분만의 기준을 마련해 보자. 잘 활용하면 결혼을 앞둔 청춘 남녀에게 도움이 되지 않을까 싶어 내 생각을 공개해 본다.

1. 삶에 대한 열정

어떤 일을 하든 열정적으로 살아가는 사람을 찾아라. 일도 사랑도 자기 계발도 삶도 열정적이어야 한다. 열정은 사랑뿐만 아니라 인생이라는 기관차를 움직이는 중요한 원동력이다. 열정은 성장을 이끌어내는 핵심 열쇠다. 에너지가 넘쳐야 할 상대에게서 열정을 느낄 수 없다면 신중해야 한다. 다만 육체만 탐닉하는 열정이라면 다시 생각해 봐야 한다.

2. 충돌 뒤 문제 해결 능력

아무리 서로를 사랑하는 연인이라도 때로는 다투기 마련이다. 그런데 진짜 중요한 건 다툼을 한 뒤다. 잘잘못을 떠나 그 문제를 어떻게 풀어나가느냐가 더 중요하다. 만일 상대가 두 사람 간의 갈등을 잘 해결하는 사람이라면 삶의 다른 문제들도 잘 풀어나갈 확률이 높다. 그것이 직장이든 경제적 문제든 인간관계든 말이다.

3. 근면 성실함

근면하지 못한 사람은 게으르고 일하는 것 자체를 싫어한다. 마지못해 일하니 출근 시간에 겨우 도착하고, 동료나 상사들도 그를 불성실하다고 생각한다. 직장에서뿐만이 아니라 집에서도 정리정돈이 안된다. 이들은 무엇이든 뒤로 미루길 좋아한다.

무엇보다도 이런 사람들은 진정성을 가늠할 수 없다. 사랑을 위한 진지한 노력도 정성도 기울이지 않는다. 사람을 좋아해도 진짜 좋아하는지, 사랑해도 진짜 사랑하는지 알 수가 없다. 사랑에도 성실한 자세가 필요하건만, 이런 사람들은 마음가는 대로 행동한다.

4. 책임감

일과 삶을 바라보는 방식을 제대로 살펴봐야 한다. 책임감이 없는 사람을 만나면 삶이 고달프다. 책임감 있는 사람은 결코 다른 사람에게 자신의 책임을 떠넘기지 않는다. 해야 할 일을 스스로 해내고, 결과를 남 탓으로 돌리지 않는다. 자신이 잘못한 경우에도 기꺼이 그 결과를 받아들인다. 힘들고 어려운 상황에서도 온전하게 상황을 감내할 뿐 아니라, 문제를 개선해 나가려고 한다.

5. 세상에 대한 믿음

몸과 정신이 건강하려면 세상을 바라보는 태도가 긍정적이어야 한다. 이는 자신과 타인에게 신뢰감이 있어야 가능하다. 실패하더라도, 한두 번 속았더라도 세상과 사람에 대한 근본적인 믿음을 잃지 말아야 한다. 다른 사람과 세상에 대한 불만과 비평만 쏟아내는 사람이라면 극히 조심해야 한다. 최소한 세상에 대한 낙관적 시각을 견지한 사람을 선택해야 한다.

좋은 배우자를 고른다는 것은 기업의 인재 채용보다 더 어려운 일이다. 최선의 선택을 했다고 믿었는데 최악의 선택인 경우도 종종 있다. 설령 좋은 짝을 만나 결혼했다 해도 그것은 어디까지나 사랑의 출발선일 뿐이다. 서로를 배려하며 끊임없이 노력하지 않는다면 진정한 사랑은 선택만으로는 완성되지 않는다.

또 하나 명심해야 할 것이 있다. 앞서 말한 좋은 배우자 선택 조건을 상대에게만 강요하지 말라. 부지런한 벌은 저만치 서부터 좋은 향기를 맡고 온다. 자신의 됨됨이가 풍기는 향기부터 맡을 줄 아는 사람이 진짜 진국이다.

심리학+

#대인 매력

사람들 사이의 관계에서 타인의 특성이나 행동에 대해 느끼는 긍정적 혹은 부정적 태도. 대인 관계의 매력은 보상을 제공하는 빈도에 따라서 결정된다는 뉴콤의 이론, 인지적 조화와 부조화에 의해서 결정된다는 하이더의 이론, 조건화 과정에 의해서 결정된다는 조건화 이론, 그리고 사람들 사이의 상호 작용에 의해서 결정된다는 사회적 교환 이론 등이 있다.

당신이 그 사람을 싫어하는 진짜 이유

왜 우리는 어떤 사람들에게는 호감을 느끼는데 어떤 사람들에게는 비호감을 느끼는 것일까? 그 내면을 들여다보면 나 자신의 모습까지 찾아볼 수 있다. 타인의 모습을 통해 나 자신을 들여다보자.

우선 여러분이 가장 사랑하거나 존경하는 사람들의 명단을 작성해 보자. 그들이 가진 특성들 중에 어떤 부분을 가장 좋아하는지도 함께 기록해 본다. 반대편에는 당신이 싫어하는 사람들의 명단도 작성하고, 그들을 싫어하는 이유도 적어 본다.

예를 들어 나는 구영탄이라는 만화 캐릭터, 민들레영토의

지승룡 소장, 여행박사의 신창연 창업자, 경영학자 피터 드러커, 벤자민 프랭클린 같은 이들을 좋아하는 사람 목록에 기록했다. 이들을 좋아하는 이유를 떠올려보면 감성, 솔직함, 선함, 따뜻함, 인간적 가치, 다방면의 재능, 실용적 지식, 자유로움 등의 특성을 대변한다. 가장 중심적인 키워드를 하나 꼽으라고 한다면 단연코 '인간미'다. 이는 내게 이런 면을 발달시킬 수 있는 자질이 있다는 뜻이다.

반대로 내가 싫어하는 사람들의 특성은 내 그림자의 투사(Projection: 자기 안의 나쁜 것을 보지 않기 위해 다른 곳에 관심을 기울이거나 어떤 문제를 타인의 탓으로 돌리려는 무의식적 방어 기제. 내가 아닌 남의 잘못이나 상황 탓으로 돌리면 일시적으로 마음이 편하기 때문이다.)인 경우가 많다. 예를 들어 나는 개그맨 P 씨를 싫은 사람으로 적었다. 그의 가벼움과 경박스러움, 재미없는 말투와 행동, 어색한 표정, 대책 없는 큰소리, 나이든 외모, 진행 중인 탈모, 게슴츠레한 눈빛 등이 싫었다.

하지만 가만히 들여다보면 이것들은 내가 직면해야 할 특성이기도 하다. 현재 내가 그런 상황에 있거나 앞으로 그러한 상황을 마주해야 할 수도 있다는 뜻이다. 나는 그를 통해서 나 자신의 싫은 면, 다시 말해 나도 모르게 내가 가진 특성을 바라본 셈이다. 이 사실을 안 뒤로는 P 씨에 대한 혐오감도 사그

라졌을 뿐 아니라, 오히려 친밀감마저 느껴졌다. 여러분이 특정 사람을 좋아하고 싫어하는 것도 이와 같은 맥락에서 해석할 수 있다.

주변의 특정 인물을 바라볼 때도 마찬가지다. 즉, 싫은 사람이 있다면 그냥 싫다고 끝내지 말자. 자신이 왜 그 사람을 싫어하는지를 분석해서 근본적인 원인을 탐색하면 배움이 된다.

이상형에 숨겨진 비밀

심리학자 융은 인격의 가면을 의미하는 페르소나를 정신의 외면(外面)이라고 불렀다. 정신의 내면(內面)에는 또 다른 것이 있다고 봤다. 남자의 경우는 아니마(Anima), 여자의 경우는 아니무스(Animus)라는 것이다. 아니마는 '남성 속의 여성적 요소', 아니무스는 '여성 속의 남성적 요소'를 뜻한다. 이는 우리 자신이 발달시킬 수 있는 내면의 자질을 뜻한다.

남녀를 막론하고 모든 인간의 내면에는 이 두 가지가 혼재돼 있다. 우리 인격이 조화롭게 균형을 유지하려면 이 남성 인격의 여성적 측면과 여성 인격의 남성적 측면 모두가 의식과 행동으로 잘 표출돼야 한다. 만일 남자가 지나치게 남성적인 측면만 드러내게 된다면, 그의 여성적 특성은 무의식 깊이 숨어들어 발달하지 못해 원시 상태로 머무르게 된다. 이는 무의식 속에 나약함과 민감함을 싹트게 한다.

심리학자 캘빈 홀에 의하면, 남자가 어떤 여자에게 정열적인 매력을 느낀다면 그 여자는 남자의 아니마 여성상과 비슷한 성향을 가지고 있을 가능성이 높다. 반대로 어떤 남자가 여자에게 혐오감을 느낀다면, 그녀는 그의 무의식적 아니마 여성상과 갈등을 유발하는 성향일 가능성이 높다. 이는 여자가 남자에게 아니무스를 투영할 때도 마찬가지다.

따라서 남자들은 자기 안의 여성적 요소를 숨기지 말고 적절히 표출할 수 있어야 한다. 어떻게? 여자들이 흔히 하는 행동을 해 보는 것이다. 주변 사람들과 가벼운 수다를 떨어 본다든가, 십자수를 놓아 본다든가, 요리를 해 본다든가, 네일 아트를 받아 본다든가 하는 식이다.

여자도 마찬가지다. 자기 안의 남성적 요소를 억누르지 말고 적절히 사용할 수 있어야 한다. 축구나 격투기 등의 격렬한 운동을 해 본다든지 기계나 자동차나 첨단 장치나 장비 등을 다뤄 본다든지 하는 식이다.

이처럼 자신의 이성적 요소를 잘 발휘하는 사람은 정서적 안정을 찾을 수 있을 뿐 아니라, 통합적 자아를 통해 남다른 창의성까지 발휘할 수 있다.

내 그림자는 어떤 모습인가?

한편, 싫어한다고 기록한 특성은 자신이 직면한 그림자의 투사다. 여기에서의 그림자란 융이 말한 개념으로 자신의 성(性)을 대표하고 동성인 사람과의 관계에 영향을 미치는 또 다른 원형을 의미한다.

그림자는 다른 원형들보다 동물적 본성을 강하게 내포한다. 또한 진화의 역사에 깊은 뿌리를 두고 있는 만큼, 모든 원형 중에서 가장 강력하며 잠재적으로는 가장 위험하다. 특히 그림자는 동성(同性) 관계에서 좋고 싫음을 판가름하는 중요한 잣대가 된다.

이 동물적인 측면을 잘 억제하는 사람은 문명인이 될 수 있지만 그로 인해 자발성, 창조성, 강한 정서, 깊은 통찰 등은 잃게 된다. 즉, 어떤 학습이나 교육이 제공할 수 없는 삶의 지혜들을 상실하는 셈이다.

우리 삶이 충만함과 활기로 가득 차려면 내면의 자아와 이 그림자가 조화를 이뤄야 한다. 본능에서 비롯한 모든 힘을 방해하지 않고 통과시켜야만 의식이 확대되고 정신 활동과 육체도 생기발랄해진다. 그런 면에서 창조적 인간들일수록 동물적 본능으로 충만해 보이는 것도 결코 놀랄 일이 아니다. 천재성과 광기(狂氣)는 하나로 통한다는 말처럼, 그림자가 자아를 압도하면 창조성을 얻는 대신 제정신이 아닌 것처럼 보일 수 있는 것이다.

반면, 그림자를 지나치게 억압해서도 안 된다. 이에 관해 융은 제1차 세계대전이 끝난 1918년, "우리 내면에 살고 있는 동물성은 억압될수록 더 야수적으로 변할 뿐"이라고 시사한 바 있다. 가정이나 직장에서의 지나친 억압이 가족이나 직장 동료들을 어렵게 만드는 경우를 많이 보았을 것이다. 억압된 분노가 엉뚱한 곳으로 갑작스레 폭발을 일으킬 수 있기 때문이다.

요약하자면 그림자 원형은 우리 인격에 튼튼하고 입체적인 특성을 부여하며 생명력, 창조력, 활기, 강인성을 책임진다. 이 그림자를 거부한다면, 그의 인격은 활력을 잃고 극히 평범해진다.

우리는 누구나 인간으로서의 본능을 가지고 있다. 그 본성은 결코 나만의 것도 아니다. 나쁜 면만 있거나 좋은 면만 있는 것도 아니다. "내 안의 아니마와 아니무스는 어떤 모습인가? 내가 억누르고 있는 그림자는 무엇인가? 내게는 어떤 무의식과 본능이 숨겨져 있는가? 어떻게 온전하게 나다워질 수 있을 것인가?"

어떤 본능은 해악이 아닌 창조와 생명력을 위해 존재하는 것이다. 그림자를 무조건 억압하는 대신, 적절한 해소와 통제의 방법을 만들어나가면 보다 역동적인 인격을 완성할 수 있다.

심리학+

#아니마&아니무스

융이 제시한 인간 원형의 한 요소로 아니마는 남성의 무의식에 존재하는 여성적 성격 특성, 아니무스는 여성의 무의식에 존재하는 남성적 성격 특성을 말한다. 이것이 긍정적으로 발달하면 비범함과 창조력의 원천으로 나타나고, 부정적으로 발현되면 특이하거나 파괴력의 원천이 된다.

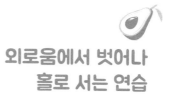

외로움에서 벗어나
홀로 서는 연습

사람은 누구나 고독해 하지만, 어쩌면 젊을수록 고독은 더 견디기 어려운 걸지도 모르겠다. 청춘의 시기에는 늘 누군가와 어울리고 싶어 한다. 비단 청춘만 그렇겠는가. 나이든 수많은 중장년들도 만날 사람이 없으면 SNS라도 뒤적여보며 사람을 그리워한다.

인간에게 가장 강력한 본능 중에 하나가 사랑이다. 성장할수록 사랑에 대한 목마름과 갈증이 점점 심해져 가족만으로는 채워지지 않는다. 그러다 보니 집을 떠나 친구들을 찾아 나선다. 특히 젊은 시절에는 친구들과 어울리길 좋아하는데, 그중에서도 이성 친구를 그리워하는 마음이 특히 커진다. 썸을 타고 연애를 하기도 하며 어린 시절에 느껴보지 못했던 행복감에 빠져들기도 하지만, 이내 찾아오는 싫증과 이별의 아픔으로 극심한 고통을 겪기도 한다. 다시는 그런 아픔을 느끼고 싶지 않아 사랑이라는 감정을 두려워하게 되고, 한 발자국도 나아가지 못하는 경우도 생긴다.

그래서 대부분의 사람들은 혼자보다는 삼삼오오 몰려다니길 좋아한다. 외로움을 달래기 위해 각종 모임이나 동아리 등에 가입해 소속감을 느끼기도 하고, 집단행동에도 동참하면서 무리 속에서 허전함을 달래고 소속감을 추구한다. 그러나 그것도 잠시다. 무리로부터 떨어져 혼자가 되면 금방 깊은 고립감에 빠져든다. 그래서 새벽까지 SNS를 붙들고 있는 사람들이 수두룩하다.

하지만 20대는 홀로서기를 준비해야 하는 중요한 시기다. 앞으로 이뤄 나가야 할 사회적, 경제적, 정신적 독립을 위해서라도 고독을 견디고 즐길 수 있어야 한다. 그러니 어울려 다니려고만 하기보다는 혼자 밥도 먹고, 혼자 공부도 하고, 혼자 여행도 하면서 홀로 서는 법을 연습해야만 한다. 그래야만 고독 속에서도 깊이 사색하고 숙고하며 삶을 꿰뚫어 보는 통찰력을 기를 수 있다.

나는 학창 시절부터 삼삼오오 몰려다니는 친구들이 다소

이해되지 않았다. 그렇다고 '아싸'는 아니어서 이 무리 저 무리 친구들과 모두 다 잘 어울려 다녔다. 하지만 자신들의 무리로 들어올 것을 확고하게 요구하는 경우가 제법 있었다. 나는 그런 요구가 싫었다. 왜 굳이 똑같은 무리들끼리만 매일 어울려 다녀야 한다는 말인가. 약하기 때문에 서로 몰려서 집단행동을 하려고 하는 것은 아닐까 하는 의문마저 들었다.

호랑이는 몰려다니지 않는다고 하지 않던가. 항상 사람들에게 둘러싸여 있다 보면 자기 자신에 대해서 진지하게 사색할 여유조차 부족해지기 마련이다. 강해지려면 고독도 즐길 수 있어야 한다. 성숙한 고독이란 무엇일까? 많은 이들이 고독과 고립감을 비슷한 것이라고 착각한다. 하지만 이 둘은 엄연히 다르다.

따로 또 같이 성숙한 삶

『감성지능』의 저자 대니얼 골먼에 따르면 혼자 살거나 친구가 많지 않은 사람들 중에서도 충분히 만족스러운 삶과 건강을 누리며 살아가는 사람들이 많다고 한다. 물론 그만큼 감성지능이 높아야 행복도 누릴 수 있을 것이다.

의학적 견지에서 위험할 정도의 고립감이란 '사람들과 단절돼 있거나 의지할 사람이 없다고 느끼는 주관적 감정'을 의미한다. 이런 위험한 고립감을 방지하려면 오히려 평소에 무리와 떨어져 홀로 있는 것을 견디는 연습을 해야 한다. 질 좋은 고독은 우리의 삶을 뿌리 깊게 만들고 외로움을 건강하게 승화시키는 데 반드시 필요한 요소인 셈이다.

젊은 날 늘 외롭고 고독한 마음에 술에 취하고 글에 취하고 친구에 취하고 여자 친구에 취해 애달프게 매달렸던 기억들이 떠오른다. 취업 전선에 나가서도 계속해서 미끄러지자 고독감을 넘어 두려움마저 밀려들었다. 누군가가 도움을 주길 바라는 비겁한 순간도 많았다. 그러나 아무리 발버둥을 치며 애쓰고 쓰러져 눈물을 흘려도 누구도 나를 도와줄 수는 없었다. 오로지 나 스스로 홀로서기를 익혀야 함을 뒤늦게 깨달았다. 고독은 오롯이 내가 혼자서 감당해야 할 몫이었다.

헤르만 헤세의 소설 『데미안』에 이런 내용이 나온다. 모든 새는 알에서 나오기 위해 투쟁해야 한다고. 알은 하나의 세계이기 때문이다. 태어나려는 자는 반드시 그 세계를 깨뜨려야 한다. 그러나 만일 누군가 그 알을 대신 깨트린다면 새는 결국 죽거나 나약해지기 마련이다.

나무는 숲에서 자라지만 독립적인 뿌리를 가지고 성장한

다. 새는 다른 새의 등에 업혀서 날아가지 않는다. 인간도 마찬가지다. 사회적 존재로서 무리는 필요하지만 그것으로 내 존재감이 충족되지는 않는다. 그 무리 속에서조차 건강한 홀로서기를 준비할 수 있을 때, 개별적 존재로서의 고독을 인정하고 나아갈 때, 우리는 외로움으로부터 벗어나 진정한 성숙의 길로 들어서게 된다.

심리학＋

#고독한 군중

사회학자 데이비드 리스먼이 『고독한 군중』에서 처음 사용한 용어. 대중 사회 속에서 타인들에 둘러싸여 살아가면서도 내면의 고립감으로 번민하는 사람들의 사회적 성격을 말한다. 잠시도 홀로 있는 고독을 견디지 못하며 타인을 갈구하고 텔레비전, 인터넷, 스마트폰 등에 매달린다. 이를 극복하기 위해서는 타인과 구별되는 자기 인식이 필요하다.

너무 가깝거나, 너무 멀거나

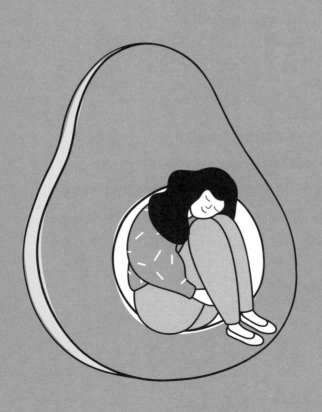

그림자 심리학 :

내 안의 또 다른 나

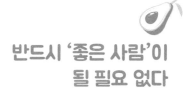

반드시 '좋은 사람'이
될 필요 없다

　　현대인은 그 어느 때보다 외로움과 허전함에 시달리고 있다. 긍정적으로 보이는 사람들 역시 마찬가지다. 착한 남자, 착한 여자 콤플렉스에 빠져 힘든 사람도 많다. 만일 많은 사람들 앞에 서야만 하는 경우라면 그 정도가 더 심할 수 있다. 나 역시 여러 사람들 앞에서 강의를 하고 나면 간혹 허탈하기도 하다. 그런 나 자신에게 되묻곤 한다.

　"지금 내면의 나는 행복한가. 사람들에게 밝은 면만 보여주려고 하지는 않은가. 내면의 어두운 본성을 억압해 스스로 불편함을 만들어 내고 있지는 않은가."

　　인간 내면에는 빛과 그림자가 공존한다. 아무리 학습을 통해 욕구를 억압해도 식욕, 성욕, 물욕, 수면욕, 배설욕, 과시욕, 명예욕, 폭력성, 분노감, 이기심 등과 같은 것 중에 어떤 본능적 욕구는 쉬이 사라지지 않는다.

어떤 사람은 이 그림자를 나쁘다고만 여겨 스스로 억압하고 본능을 감추기 위해 애쓴다. 그런데 이 욕망을 동물적이라고 무시할 경우, 사태가 심각해질 수 있다. 감정 폭발이 엉뚱한 대상에게 퍼부어질 수 있기 때문이다. 그렇게 쏜 감정 화살이 자신에게 되돌아올 경우 엄청난 타격을 입을 수도 있다.

우리 내면에는 이와 상반되는 밝은 면도 있다. 선함, 사랑, 순결함, 고귀함, 성스러움, 배려심, 봉사, 헌신, 이타심, 동정심 등이 그것이다.

그런데 이런 빛을 억누르는 경우가 생긴다면 어떻게 될까? 이런 빛을 억누르는 게 말도 안 된다고 생각하는가? 하지만 이는 엄연히 일어나고 있는 현상이다. 우리가 내면의 선함을 거부하는 이유는, 이것이 외부로 드러날 경우 내 이익을 희생하고 타인을 위해 헌신하며 살아가야 하기 때문이다. 자신을 챙기려는 본능을 포기하고 살아가야 한다는 뜻이다. 성인군자가 아닌 이상 그렇게 살아가는 것은 말처럼 쉽지 않다. 즉, 이득을 얻으려면 내 안의 빛을 감추거나 없애야 한다고 판단하는 것이다.

이렇듯 빛이든 그림자든 내면의 성향을 무시하는 것은 위험하다. 그로 인해 개개인이 가진 자발성과 창의성, 위대한 통찰력, 책으로 배울 수 없는 지혜를 잃어버릴 수도 있기 때문이다.

특히 그림자에 속한 욕망들이 더 그렇다. 이 욕망들은 사회적으로 발현되기 어려운 것들이다 보니 대개 무조건 억제하라고 교육받기 쉽다. 하지만 이런 욕망들도 엄연한 인간 본성중 하나다. 따라서 이를 피하기만 한다면 그 안에 담긴 창조성과 폭발적인 에너지를 잃을 수 있다.

우리가 배워야 할 것은 욕망을 억제하는 방법뿐 아니라, 건전하게 분출하며 긍정적 에너지로 전환하는 방법이다. 심리학에서는 이를 '승화(sublimation)'라고 한다. 그렇다면 어떻게 그림자를 밝은 빛으로 승화해 나갈 수 있을까.

내 안의 빛과 그림자를 다스리는 방법

파스칼은 "내 몸이 굽으니 내 그림자도 굽는 것"이라고 했다. 따라서 내 삶의 문제를 해결하고 싶다면, 나의 외부가 아닌 나의 내면부터 들여다봐야 한다. 우리는 외면으로 드러나는 자신은 잘 보면서, 내 안의 자신에 대해서는 잘 알지 못한다. 인간은 내면의 빛과 그림자를 적절히 이해하고 다룰 때 비로소 한 차원 높은 인격으로 나아갈 수 있다.

지금부터 내면의 빛과 그림자를 다루는 방법을 알아보자. 먼저 내 안의 선함을 살릴 수 있는 방법은 무엇인지 생각해 보자.

• 내 안의 빛을 다스리는 방법

다른 사람을 돕는 일에 흥미를 느끼면 좋다. 상대의 이야기를 진지하게 경청하고, 대중교통을 이용할 때는 어른이나 약자에게 자리를 양보해 보자. 가까운 사람들에게 사랑한다고 말하거나 포옹을 해 보는 것도 좋다. 사랑하는 사람들에게 애정을 담은 편지도 써 보자. 사람들에게 작은 선물을 전달하는 것도 좋은 방법이다. 또, 무료로 자원봉사 센터에서 봉사 활동을 해 보자. 헌혈도 좋고 상대를 향한 따뜻한 눈빛이나 말 한마디만으로도 좋다. 이외에도 다양한 방법들이 있을 테니 자신만의 방법을 연구해 보자.

그렇다면 반대로 사회적으로 적절히 발현하기 어렵다고 생각하는 그림자 욕구는 어떻게 다뤄야 할까? 먼저 다소 과격한 방법부터 알아보자.

• 내 안의 그림자를 다스리는 과격한 방법

물건을 집어 던져보자. 물론 깨지지 않을 물건으로. 평소에는 용납
될 수 없지만, 혼자 있을 때 책이라든지 깨지지 않는 물건을 집어
던지는 것도 그림자를 분출하는 하나의 방편이다. 수건에 물을 잔
뜩 묻혀 기합 소리를 내며 욕조 바닥을 쳐보는 것도 좋다. 크게 음
악을 틀어 놓으면 소리가 외부로 노출되지 않을 것이다. 종이를 갈
가리 찢어서 허공으로 던지는 것도 좋다. 내가 싫어하는 사람을 혼
내는 상상도 좋다. 미운 상대에게 욕하는 상상을 하는 것도 하나의
처방이 될 수 있다. 실제로 드라마 테라피에서는 마음을 상하게 한
사람들에게 드러내지 못했던 부정적 감정을 마구 표현하도록 도와
준다. 욕을 하거나 물건을 부숴 버리며 묵은 감정을 해소하는 하나
의 치료법으로 활용되기도 한다. 그런 면에서 권투나 격투기 같은
격렬한 스포츠도 괜찮은 방법이다.

다만, 이런 행동은 지나치면 공격적 경향이 습관화되고 타
인에게 이상한 시선을 받을 수 있다. 그러니 좀 더 온화하게
그림자를 다루는 방법도 알아두도록 하자.

• 내 안의 그림자를 다스리는 온화한 방법

하루에 10분이라도 조용히 명상한다. 감정이 요동칠 때마다 솔직

한 마음으로 글을 써보는 것도 좋다. 일기도 좋다. 블로그나 페이스북, 인스타그램 등과 같은 개인 SNS에 자신의 속상함을 토로해 보는 것도 좋다. 글을 쓰는 게 싫다면 휴대폰 녹음 기능을 통해 자신의 고민과 일상을 녹음해 보는 것도 괜찮다.

활동적인 일도 좋다. 빠르게 걷기, 전속력으로 달리기도 좋다. 단순한 활동을 반복하는 것도 효과가 있다. 청소나 설거지나 음식 만들기 등의 집안일도 좋다. 애완동물을 길러보는 것도 좋다. 무언가 수집하거나 사진 촬영 같은 취미 활동, 축구, 야구, 농구, 볼링, 테니스 등의 여러 스포츠 활동도 유용하다.

무조건 착한 사람으로 보이려는 위선(僞善)도, 무조건 다른 사람은 상관없다는 식으로 자신을 악하게만 보이려는 위악(僞惡)도 결과적으로는 내면의 균형이 깨졌다는 신호다. 너무 착한 사람이 될 필요도, 너무 악한 사람이 될 필요도 없다. 우리 안에 잠재한 수많은 빛과 그림자를 적절히 분출하는 방법을 익힌다면 부정적인 에너지도 창조적 에너지로 바꿀 수 있다.

선과 악을 내가 원하는 방향으로 바꿀 수 있을 때 내 안의 빛과 그림자를 살려 온전한 인격을 완성하는 길이 열리지 않을까.

심리학+

#스마일 마스크 증후군

늘 밝은 모습을 유지해야 한다는 강박 관념으로 슬픔이나 화, 분노, 우울
함 같은 부정적 감정을 제대로 발산하지 못해 발생하는 불안정한 심리
상태. 일반적으로 감정 노동이나 대인 관계를 많이 맺어야 하는 직업군에
서 나타난다. 자신을 객관화하고, 솔직하게 감정을 들여다보며, 주변 사
람들에게 토로하는 것이 도움이 된다.

나는 착한 사람일까, 나쁜 사람일까?

600만 명의 유대인을 학살했다고 알려진 나치 정권의 사람들, 그들은 과연 악마였을까? 전범 재판에 회부된 사람들 대부분은 놀랍도록 평범했다. 그렇다면 어떻게 이런 '보통 사람'들이 이토록 잔혹한 범죄에 가담하게 된 것일까? 만일 여러분이라면 어땠을까? 당시 독일인으로서 나치 당원으로의 활동을 요청받았다면 어떻게 대처했을까?

나치 정권의 잔혹한 홀로코스트가 끝난 뒤 전 세계의 많은 학자들은 고뇌했다. 인류가 어떻게 그토록 끔찍한 범죄를 자행할 수 있었는지. 그 원인을 규명하고자 많은 노력도 기울였다. 그 결과, 이들은 한 가지 중요한 사실을 발견했다. 당시 독일의 엄격한 게르만식 교육이 교육받은 사람들로 하여금 국가와 국가의 지시에 따르는 일이라면 뭐든 할 수 있다는 가설을 내면화시켰다는 것이다.

나아가 많은 학자들이 나치 학살을 독일인들의 권위주의적 성격과도 연관이 있다고 주장했다. 실제로 독일인들이 제2차 세계대전 뒤 문제의 심각성을 깨닫고 집단 활동을 상당수 중단한 것도 그런 이유 때문이다. 예를 들어 독일 학교에서는 집단 합창을 일체 금지하고, 공동으로 모이는 졸업식 자체를 하지 않게 됐다.

하지만 사회 심리학자 밀그램은 이런 설명만으로는 충분하지 않다고 생각했다. 그는 사람들이 파괴적인 복종에 굴복하는 이유가 성격보다는 상황에 있다고 믿었다. 나아가 독일인들뿐만 아니라 누구라도 상황에 따라서 잔혹한 행위를 할 수 있다고 생각했다. 목숨이 오가는 상황에서는 아무리 이성적인 사람도 도덕적인 규칙을 무시하고 명령에 따라 끔찍한 행위를 저지를 수 있다는 가설이었다.

밀그램은 한 연구 재단의 후원으로 관련 실험을 진행했다. 이는 '복종'에 관한 실험이었지만, 밀그램은 이를 숨기고 '학습과 공포'라는 주제로 지원자들을 모집했다. 참가자들은 표면적으로 학생과 교사로 구분됐다. 그러나 학생으로 분류된 사람은 연기자였고, 참가자들은 모두 교사로 분류됐다. 교사가 된 참가자들은 실험실에 있는 학생들이 질문에 오답을 낼 때마다 전압을 올려서 전기 충격을 가하는 역할을 맡았다. 학생들은 사전에 약속한 대로 전압이 올라갈수록 고함을 지르고 고통스러워하는 연기를 펼쳤다.

이 실험에서 알고자 했던 부분은 '실험 참가자들은 학생들이 고통받고 있다는 걸 알면서도 과연 최고 전압인 450볼트까지 출력을 올릴 것인가'였다. 특정 상황에 한 개인이 어떻게 대처하는지 알아보고자 한 것이다. 사전 설문 조사에서 교사역의 참가자들은 90퍼센트 이상이 불합리한 명령에는 따르지 않을 거라고 응답했다. 하지만 실험이 시작되자 65퍼센트의 참가자들이 450볼트까지 출력을 올렸다. 학생들이 제발 올리지 말아달라고 애원했지만 소용없었다. 그들은 어째서 사전 응답과 다른 행동을 보인 것일까?

선과 악은 명확히 구분 가능한가?

많은 연구자들이 그 이유를 다음과 같이 해석했다. 첫째는 예일대라는 권위에 대한 복종, 둘째는 실험 참가비를 받은 것에 대한 심리적 부담감이었다. 나치 대학살에 참여했던 사람들도 그런 상황적 여건 때문에 잔혹한 행동을 자행했으리라는 것이 밀그램의 주장이었다.

밀그램의 연구 결과가 발표되자 엄청난 사회적 논란이 일었다. 밀그램의 실험을 옹호하는 사람들도 있었지만, 그 결과에 극렬하게 반대하는 사람들도 많았다. 사실 밀그램의 실험 결과만으로는 한 사람의 행동 전체를 판별할 수 없다. 그렇다면 밀그램 실험에 참가한 사람들은 어땠을까? 과연 그들은 어떤 생각으로 실험에 응했을까? 그리고 실험에 참가한 뒤로는 어떻게 살아가고 있을까?

심리학자 로렌 슬레이터는 이 실험에 참가했던 사람들을 직접 찾아 나섰고, 전압 올리기를 거부한 참가자를 어렵사리 만날 수 있었다. 로렌 슬레이터는 그 사람으로부터 도덕과 윤리로 빛나는 고귀한 이야기를 들을 것으로 기대했다. 그런데 그 역시 평범한 사람이었다. 아니, 오히려 욕도 많이 쓰고 부정적으로 보이는 데다 사회에 대한 불만도 많아 보였다. 왜 전압 올리기를 거부했느냐고 묻자 참가자는 이렇게 답했다.

"걱정스러웠어요. 실험 때문에 심한 스트레스를 받았죠. 심장마비가 올 수도 있었거든요. 그리고 다른 사람을 아프게 하고 싶지 않았어요."

로렌 슬레이터는 그의 대답에 고개를 끄덕일 수밖에 없었다. 그가 450볼트로 전압 올리길 거부했던 것은 학생을 보호하려는 마음도 있었지만, 사실 그 자신의 심장이 위험할지도 모르겠다는 걱정에서 비롯했던 것이었다. 인간은 누구나 타인의 아픔을 자기 아픔보다 먼저 느낄 수 없다. 개인적 우려로 그랬다고 해서 어떻게 그를 비난할 수 있겠는가.

밀그램의 실험을 옹호하는 사람들은 이 상황을 '교차적 상황에서의 일관성 결핍'이라고 말한다. 그렇다면 밀그램 실험에 동조했던 또 한 사람을 소개해 보겠다. 그는 실험 참가에 아무런 저항 없이 동조했던 사람이었다.

"전 그냥 계속했습니다. 우울증이 심해서 거의 신경을 쓰지 못했죠. 그저 영구적인 조직 손상은 없을 것이라는 연구원들의 말을 믿었습니다. 실험 진행자가 옳을 것이라고만 생각했습니다. (중략) 전 나중에 실험에 관한 설명을 듣고서 몸서리를 쳤어요. 정말 무서웠어요. 그들은 아무도 상처를 입지 않을 것이라고, 걱정하지 말라고 내게 계속 이야기했어요. 하지만 너무 늦었죠. 실제로는 제가 충격을 받았으니까요. 아무리 해도 저의 행동에 대한 잘못을 지울 수 없었습니다. 돌이킬 수 없었어요."

혼란스러운 대답임은 분명하지만, 이 참가자는 오히려 밀그램 실험을 계기로 자신의 삶을 재점검할 수 있었다. 그 뒤 이전과는 달리 잘못된 권위에 저항하는 전혀 다른 인생을 살아가게 됐다. 그는 실험 참가 뒤 윤리 운동을 시작했고, 빈민가 아이들을 가르치는 사회 운동가가 됐다.

아이러니하게도 밀그램의 복종 실험은 피실험자들 중 일부를 반항적으로 만드는 결과를 가져왔다. 그것은 놀라운 반전이었다. 로렌 슬레이터는 이를 창조적 측면에서 "원자 폭탄에 버금가는 폭발력을 가진 사건이었다"고 말했다. 밀그램 자신의 말처럼, 그들은 이 실험을 통해 깨달음을 얻었으며 그것이 변화로 가는 첫걸음이 됐다.

착한 사람도, 나쁜 사람도 될 수 있다

밀그램의 실험 결과를 통해서도 깨달았겠지만, 우리는 권위에 적절히 대항하는 방법도 배울 필요가 있다. 하지만 직장에서는 부하 직원들에게, 가정에서는 아이들에게, 학교에서는 학생들에게 여전히 무조건적인 복종을 요구하는 경우가 많다. 정해진 규율을 따르면 좋은 사람이고, 따르지 않으면 나쁜 사람이라고 여긴다. 하지만 이런 틀을 깨트려 나가는 것이 중요하다.

사실 나도 밀그램 실험을 살펴보면서 크게 충격을 받았다. '만일 내가 실험에 참가했다면 어떻게 대응했을까?' 하는 의문이 들었다. 나는 동조하지 않았으리라 확신한다. 그건 내가 도덕적으로 완벽해서가 아니다. 그들의 권위가 내 목숨에 위협을 가할 수 없다는 걸 알기 때문이다. 그런 논리의 바닥에는 내 목숨에 대한 계산이 깔려있다는 뜻이다. 마치 번지 점프나 놀이 기구를 탈 때 안전 장비가 있기에 위험하지 않다는 인식을 하는 것과 같은 논리다.

그렇다면 어떤 절대적인 권력으로부터 목숨을 위협받는 상황으로 내몰린다면 어땠을까? 가혹한 군부 정권 시절이었다면 어땠을까? 그건 가봐야 알 일이다. 아니 좀 더 솔직히 말하자면 그런 위협이 존재할 경우에는 불합리한 명령에도 불구하고 순종했을 것이라 시인해야겠다.

이런 생각을 하다 보니 실험 때는 말없이 복종했던 실험자가 나중에 인권 운동가가 된 변화도 이해가 됐다. 또한 '악한 것이 선한 것이 될 수도 있고, 선한 것이 악한 것이 될 수도 있다'는 모순된 명제도 어느 정도 이해가 간다. 여러분은 어떤가?

이 긴 이야기를 모두 읽은 지금 '대체 무슨 주장을 펼치려는 거지?'라는 의문이 드는 독자도 있으리라. 이제부터 내가 전하고자 하는 논지를 요약하며 마무리하고자 한다.

첫째, '권위에 대한 저항'은 어느 정도 필요하다. 우리는 잘못된 권위와 권력에 저항할 수 있어야 한다. 그러려면 용기와 결단력이 필요하다. 또한 우리 역시 어린아이들이나 부하 직원, 아랫사람 등의 저항이나 반항을 힘과 권위로 억누르려고 해서는 안 된다. 갑과 을의 관계, 경영자와 직원의 관계, 교수와 학생의 관계, 국가와 국민의 관계에서도 마찬가지다.

둘째, 잘못한 부분에 대해서는 부끄러움을 느낄 수 있어야 한다. 인간은 누구나 실수를 한다. 그러나 자기 잘못을 반성할 줄 모르는 게 더 큰 실수다. 수치심과 부끄러움도 때로는 우리를 성장시키는 원동력이 된다. 나아가 한 개인의 양심, 한 사회의 양심이 그 개인의 운명이나 인류의 역사를 바꾸는 원동력이 될 수 있다.

셋째, 모든 행동의 책임은 자신에게 있다. 어떤 권위에 복종했든 복종하지 않았든 그 책임은 오롯이 자신의 몫이다. 자신의 행동을 회피하거나 정당화해서는 안 된다. 자신의 행동에 스스로 책임질 때만이 진정으로 변화하고 성장할 수 있다. 책임지는 사람만이 그다음에라도 올바른 행동을 할 수 있다.

물론 몇몇 실험자들에 대한 사례로 모든 부분을 다 설명할 수는 없다. 이런 주제는 혼란스러운 게 당연하다. 그러나 그게 인생 아니던가. 사람은 선과 악 모두를 가지고 있다. 그중에 어떤 것을 선택하느냐는 상황에 따라 달라질 수도 있지만, 결국은 우리 자신의 몫이다. 당신은 어떤 선택을 할 것인가.

심리학+

#악의 평범성

철학자 한나 아렌트가 독일 전범의 재판 과정을 지켜본 뒤 집필한 『예루살렘의 아이히만』에 나오는 유명한 구절. 홀로코스트와 같은 만행에 가담한 사람들이 광신자나 반사회성 인격 장애자들이 아니라, 국가에 순응하거나 상부의 명령에 순응한 평범한 사람들에 의해 자행됐음을 말하는 개념이다.

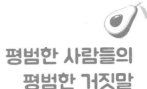

평범한 사람들의
평범한 거짓말

거짓말과 관련한 한 가지 진리가 있다. '거짓말이 거짓말을 불러 온다'는 것이다. 거짓말을 한 번 하면 그 거짓말을 정당화하기 위해 또 다른 거짓말을 해야 한다. 거짓말의 연쇄 반응이다. 나아가 거짓말을 너무 많이 하면, 자신도 자신이 말하는 것이 거짓인지 진실인지 구분하지 못하는 순간이 온다.

나도 비슷한 경험이 있다. 졸업을 앞두고 계속 취업 전선에서 탈락한 적이 있었다. 100여 번을 탈락하자 도무지 면목이 없어서 친구들과 가족들에게까지 합격했다고 거짓말을 한 적이 있다. 나중에는 나 자신도 마치 내가 진짜 합격한 사람이라고 착각을 불러일으킬 정도였다. 돌이켜 보니 그런 거짓말을 한 이유 중에 하나는 나의 열등감이 아니었을까 싶다. 내 열등감을 들키고 싶지 않은 마음에 거짓말을 했는데, 오히려 그것이 나를 더 불편하게 만들었다.

거짓말이 습관처럼 반복되면 결국 큰 문제나 파장을 몰고 올 수도 있다. 일부 유명인들의 학력 위조, 논문 표절, 성폭력 등의 사실이 밝혀지면서 관련 혐의가 있는 사람들이 덩달아 강제 소환돼 전국이 떠들썩한 적이 여러 해 있었다. 당연히 이런 거짓된 행위는 밝혀져야 마땅하다.

반대로 거짓말이라고 해서 다 나쁜 것만은 아니다. 가령 타인에게 피해를 입히거나 상처를 주지 않기 위한 거짓말이 있다. 이런 '선의의 거짓말'은 때로 가치 있을 수 있다.

사람들이 거짓말을 싫어하는 가장 큰 이유는 바로 거짓말쟁이들과는 진정한 인간관계를 형성할 수 없기 때문이다. 한 예로, 우리는 잘 알던 사람으로부터 속았을 때 더 큰 배신감과 상처를 입는다.

실제로 거짓말쟁이들은 주변의 많은 사람들에게 피해를 준다. 양심의 가책이 없기 때문에 자신의 이익을 위해 주위 사람들을 착취하고 이용한다. 또한 사회적 규범과 법칙을 쉽게 무시해 사회에 피해를 끼친다.

삶을 유연하게 만드는 융통성의 힘

반대로, 단 한 번의 거짓말도 용납할 수 없다는 강박증도 문제가 될 수 있다. 거짓말을 지독하게 싫어했던 한 강사가 있었다. 그는 정직의 중요성을 언급하면서 자기는 태어나서 단 한번도 거짓말을 해본 적이 없다며 자랑했다.

하지만 나는 그의 강연을 들으며 '나도 그래야지' 하는 마음이 들지 않았다. 오히려 여러 에피소드를 들으며 '정말 꽉 막힌 사람'이라는 생각에 섬뜩함마저 느껴졌다. 그의 말이 사실이라면 그는 조그만 융통성조차 없는 사람일 테고, 만일 그의 말이 거짓이라면 그야말로 거짓말쟁이가 될 테니 말이다.

사실 거짓말을 했다고 무조건 비도덕적이라고 단죄하는 것은 무리다. 인간의 삶은 미묘한 것이고, 따라서 어느 정도의 융통성은 필요하기 마련이다. 하지만 어린아이들에게는 다르다. 어린아이들에게 융통성에 대해 설명하는 건 매우 어렵다. 융통성의 기준을 설명하는 것이 생각보다 복잡하고 미묘하기 때문이다. 아무리 발달한 인공 지능이라고 해도 그런 융통성을 이해하기는 쉽지 않으리라.

사실 도덕성은 고도의 판단력이 요구되는데, 어린 시절에 잘못된 원칙을 세우게 되면 도덕적 기준과 원칙이 무너져 버릴 수 있다. 때문에 우리는 아이들에게는 진실을 요구하고 아이들 앞에서는 더 진실하려고 애쓰며 살아야 하지 않을까. 그런 마음으로 하루하루를 살아가려는 태도가 진정한 어른의 태도일 테다. 대부분의 사람들은 적절한 상황에 한해서, 적절한 위선과 거짓말을 구사하며 살아간다. 사실 그런 정도의 거짓은 그리 큰 문제도 아니다.

거짓말도 습관이 된다

조심해야 할 것은 사회적 상식을 뛰어넘어 상습적으로 위선과 거짓을 행할 때다. 이런 사람들은 사회적 규범과 제도를 어기는 것을 우습게 알고, 주변 사람들에게 거짓말하는 것에도 아무런 죄책감을 느끼지 않는다. 심하면 잔혹한 범죄를 자행하기도 한다. 또한, 거짓말을 자주 하는 사람들은 굳이 폭력과 범죄가 아니라도 주변 사람들을 착취하거나 하인 부리듯 마구 대하는 경우가 많다. 대개 이들은 충동적이고 자신을 통제하지 못하는 경향이 있다.

이런 경향이 극단적으로 치우치면 성격 장애를 보이게 된다. 이들은 대개 어린 시절에 부모로부터 도덕성을 제대로 배우지 못한 경우가 많다. 이런 사람들의 부모는 대체로 훈육에 일관성이 없다. 똑같은 상황에서도 어떤 때는 지독하게 체벌했다가 어떤 때는 전혀 꾸짖지 않는다. 오히려 돈이나 과자, 장난감으로 보상하기도 한다. 그럴 경우 아이는 옳고 그름에 대한 기준을 세우지 못해 선악에 혼란을 겪게 된다.

도덕성을 달리 표현하자면, 양심이나 죄책감이라고도 말할 수 있다. 프로이트의 초자아가 그렇다. 초자아는 필요하지만 너무 강력하게 형성되는 것은 좋지 않다. 이를테면, 아이는 매를 맞더라도 부모가 나를 사랑한다는 믿음이 있으면 부모가 요구하는 특정한 행동을 긍정적으로 받아들일 수 있다. 하지만 그런 믿음이 결여된 상태에서 지나친 죄책감을 강요받게 될 경우, 아이는 차후 공격적인 성향을 보일 가능성이 크다. 그러니까 자신이 볼 때 도덕적이지 못하다고 생각되는 대상이나 만만한 대상에게 폭력을 행사하는 것이다. 이는 잘못 형성된 초자아가 오히려 양심이나 도덕성을 해하는 경우다.

물론 대다수의 사람들은 그들만큼 극도로 흉악성을 내보이지는 않는다. 그러나 이런 성향의 성격적 특성을 가진 사람들은 자신에게 반사회적 공격성이 있다는 사실을 깨달아야만 한다. 이렇게 내면에 자리 잡은 공격적 성향을 순화시키려면 이를 외부로 적절하게 표출하는 것이 중요하다.

공격성을 해소하는 쉬운 방법

공격성을 해소하는 방법으로는 어떤 것들이 있을까? 영화나 텔레비전 방송, 유튜브, SNS, 게임 등을 통한 대리 만족도 가능하다. 다만, 이보다 직접적이고 활동적으로 푸는 것이 좋다. 육체적 활동량이 많고 긴장감이 있는 권투, 격투기, 유도, 번지 점프, 급류 타기 등도 괜찮다. 좀 더 나아가 군인, 운동선수, 탐험가 등의 활동적인 일 자체를 직업으로 삼거나 취미 생활로 삼을 수도 있다.

만일 당신의 거짓말이 예전에 비해 늘고 있다면, 자기 내면을 좀 더 깊이 있게 성찰해 볼 필요가 있다. 자기 삶에 대한 어떤 불편한 감정이나 열등의식이 있지는 않은지, 그것을 가리기 위해 무의식적으로 거짓말을 만들어 내고 있지는 않은지 관찰해야 한다. 거짓말은 그 뒤에 숨겨진 원인을 찾아내는 것이 중요하다.

나아가 자기방어 때문에 움츠러드는 대신, 다른 사람의 감정을 읽어내려고 노력하는 것도 거짓말을 방지할 수 있는 하나의 방법이다. 타인을 고려하지 않아도 되는 이기적 사회일수록 '공감 능력 없는 거짓말쟁이'가 능력 있는 사람으로 둔갑할 수 있기 때문이다.

다른 사람의 기쁨과 슬픔을 나의 것처럼 느껴 보자. 책이나 영화를 통한 간접 경험도 좋다. 하지만 감정 교류의 최고 방법은 역시 직접 얼굴을 마주 보고 소통하는 것이다. 그러려면 가까이 있는 사람의 감정부터 따뜻하게 헤아려 보자. 상대의 눈을 가만히 들여다보고 그 영혼까지 끌어안으려는 태도로 사랑스러운 눈빛을 보내 보자.

심리학+

#스티그마 효과

부정적으로 낙인찍히면 실제로 그 대상이 점점 더 나쁜 행태를 보이고, 대상에 대한 부정적 인식이 지속되어 실제로 그렇게 되는 현상. '스티그마'는 빨갛게 달군 인두를 가축의 몸에 찍어 자신의 소유권을 표시하는 낙인을 뜻해 '낙인 효과'라고도 한다.

익명의 그늘이
현실을 만날 때

　　악플이 심각한 사회적 문제로 떠오르고 있다. 악플 때문에 고통을 느끼는 사람이 비단 연예인들뿐일까. 카카오톡이나 블로그, 인스타그램, 페이스북과 같은 SNS 사용이 일상화되면서 악성 댓글로 상처 입는 일반인들의 수도 기하급수적으로 늘고 있다.

　　그렇다면 도대체 악플은 누가 다는 걸까. 나 역시 한 달에 10만 명 이상의 방문자 규모를 가진 블로그를 운영하다 보니 종종 독종 악플러들과 마주치곤 한다. 초범부터 '꾼'들까지 종류도 다양하다. '고상해 보이지만 이상한 놈'부터 '정신 나간 놈'까지 악플 내공도 각양각색이다.

처음에는 상처도 받고 자존심도 상했다. 어떤 때는 우울증에 걸릴 것 같은 기분으로 힘들기도 했다. 내 블로그의 댓글 읽기가 무섭고 각종 SNS 매체 자체에 혐오감마저 느껴지기도 했다. 때로는 모니터 너머로 뛰쳐나가 멱살이라도 잡고 싶은 심정이 들었다.

물론 어떤 악평은 다른 이들의 생각을 엿볼 수 있는 좋은 배움의 기회이기도 했다. 문제는 논거 없는 악플들이다. 어떤 날은 차마 입에 담지 못할 욕지거리를 뱉어 놓고 간 사람도 있었다. 그의 댓글을 삭제하고 나서 바로 후회했다. 다른 사람을 위해서라도 '아이디를 추적해서 신고할 걸' 싶은 마음이 들었기 때문이다. 그러다가 어느덧 악플에 익숙해지고 감정을 통제할 수 있게 되자 악플러들은 왜 저렇게 입에 담지 못할 욕지거리를 해대는지 그 심리가 궁금해졌다.

어떤 사람이 악플러가 되는가

악플은 비평적인 논조와는 다르다. 상대에 대한 무조건적인 비판, 욕지거리가 난무하는 댓글, 내용 전체는 안 보고 일부분의 내용만 물고 늘어지면서 억지를 부리는 댓글, 자기주장만 옳다고 우기는 댓글 등이 전형적인 모습이다.

그중에서도 '악성 악플러'들은 유독 저질스러운 욕지거리를 도배하는 이들을 뜻한다. 이들 때문에 고통받고 심지어 목숨까지 끊는 사람들도 있다. 심각한 사회적 문제가 아닐 수 없다. 나는 곰곰이 생각한 끝에 이들의 심리와 특징에 대해 다음과 같은 결론을 내렸다.

- 악플러의 심리적 특징

  대부분 충동적이고 공격적이다. 다른 사람의 감정을 개의치 않는다. 어느 한쪽으로 편향적이며, 사고 흐름이 일방향이다. 익명성을 이용해 동물적이고 본능적인 자신의 공격성을 해소한다. 가학적이고 관음증적인 기질이 있다.

- 악플러의 행동적 특징

  자신의 신상 정보를 일체 공개하지 않는다. 논리가 단순하고 심지어 주제나 내용과 연관이 없을 때도 있다. 생각나는 대로 댓글을 달며, 습관적으로 욕지거리를 남긴다. 그들의 내면을 들여다보면 공통적으로 낮은 자존감이 자리 잡고 있다. 지식이 풍부하고 고양된 도덕성을 가진 것처럼 우월한 자세를 견지하는 경우도 있지만, 대개는 허세다. 가면을 쓰고 도덕군자처럼 행세하다가도 치부를 파고들면 시정잡배로 돌변한다. 인간다운 품위가 없다. 자기 내면의 심리적 상처를 꽁꽁 숨겨 놨다가 어떤 대상을 발견하면 그 대상에게 자신의 상처를 투사하며 분노를 표출한다.

• 악플러의 문제점

이들은 글 전체를 읽지 않는다. 읽어도 핵심을 이해하지 못한다. 단편적이다. 전체 중 일부 내용에만 꼬투리를 잡으며 물고 늘어진다. 자기 삶에 대한 불만을 엉뚱한 곳에 화풀이한다. 자신이 생각하는 규칙, 원칙, 사상, 논리 등에 어긋나는 타인의 의견을 참지 못한다. 지적 이해 수준이 떨어지는 경우가 많다. 다른 사람과 잘 교류하지 않는다.

이미 형성된 자신의 믿음이나 가치를 수정하려고 하지 않는다. 피해 의식과 열등감을 가지고 있다. 상대를 흠집 내서 우월적 위치를 선점하려고 하나, 이는 숨겨진 열등감을 감추기 위한 수단에 불과하다. 남을 가르치려고 들면서 정작 스스로의 문제 행동은 제대로 교정하지 못한다.

물론 건전한 리플러들도 많다. 그들 역시 때로는 비판적이지만 수준 낮은 악플러들과는 다르기에 구분할 필요가 있다. 건전한 리플러와 달리 악플러들은 글쓴이와 자기 입장이 서로 다를 수밖에 없다는 간단한 사실을 받아들이려 하지 않는다. 또한 인터넷으로 공개된 글은 작성자의 책임감이 요구되는 반면, 댓글에는 책임감이 적다는 점을 이용해 함부로 쏟아 놓고 간다.

악플러는 글 쓰는 사람의 열정과 에너지를 빼앗는다. 악플이 두려워서 나도 모르게 솔직한 나의 의견을 감추게 되는 경우도 있다. 무엇보다도 악플러들은 상대를 지치게 만든다. 악플러들의 허점을 반격하기 위해 일일이 논리적인 반박을 펼치려면 적지 않은 시간적, 정신적 에너지를 소모해야 하기 때문이다.

악플러에 대처하는 우리의 자세

악플러들에게 대처하는 방법은 없을까? 상대의 사이트를 찾아서 똑같이 손을 더럽히는 것은 해결책이 아니다. 악을 쓰고 맞붙는 방식도 결국은 밑 빠진 독에 물 붓기다. 오히려 진흙탕 싸움이 돼 해를 당하는 경우가 생길 수도 있다.

나는 다양한 경험의 결과 '긍휼'이라는 해답을 찾았다. 그들을 가엾게 여기고 그 상황 속에서도 나에게 긍정적인 측면을 찾아보는 것이다. 이를테면, 악플을 통해 어떤 역경 속에서도 강인한 정신을 잃지 않을 수 있게 됐다. 한편으로는 나와 전혀 다른 입장을 진지하게 고민해 보는 계기도 된다. 경우에 따라 전혀 다른 새로운 관점을 배우기도 한다.

그러나 대부분의 악플은 즐겁지 않다. 나는 사회적 체면을 생각해서 악플이 달려도 완곡하게 댓글을 다는 편이다. 하지만 가끔은 제대로 받아치지 못해서 화가 날 때도 있다. 나도 그럴 때는 그들을 향한 악플 충동을 느끼곤 한다. 그때마다 이 문장을 떠올린다.

"일부 대중이 미워하더라도 내버려 둬라. 모든 사람을 만족시킬 수는 없다. 당신과 첨예하게 대립하는 자들, 적들이야말로 당신이 든든하게 의지할 토대를 구축하는 데 도움을 줄 존재다. 한가운데로 휩쓸려 들어가지 마라. 그곳에는 어중이떠중이들이 모여들기 마련이다."

– 로버트 그린, 『전쟁의 기술』 중에서

마지막으로, 공개된 매체에 글을 쓸 때는 그 내용을 한 번씩 탈고하는 습관을 갖자. 블로그와 같은 SNS 매체는 누구나 볼 수 있는 공간임에도 불구하고 그 간편함 때문에 생각을 거르지 않고 글을 올리는 경우가 많다. 이를테면 한국인의 의식 수준이 문제라든지, 청년이나 노인들이 자기 처지도 모르고 행복만 추구한다든지, 어느 한쪽의 정치·종교·지역·성별의 주장만 내세운다든지, 특정한 사건이 발생한 경우에 한쪽만을 바라보며 극단적인 흑백 논리를 펼친다든지 하는 식으로 논란거리가 될 만한 이야기를 한쪽 방향으로 치우쳐 주장하는 글은 논란을 초래하기 마련이다.

내 글에 떳떳할 수 있어야 악플에도 당당하게 대응할 수 있다. 악플러에게 공격받는다고 해서 그들과 같은 수준으로 대응할 필요도 없다. 올바르게 생각을 풀어낸다면 SNS 활동도 건강하게 지속해 나갈 수 있다.

 심리학+

#인터넷 플레이밍

인터넷에서 익명성과 개방성을 악용해 누군가를 빈정대거나 인신공격하며 욕설이나 모욕적인 말 등으로 상처를 주는 행위. 보이지 않는 사이버 공간에서 흥분되고 억제되지 않은 소통이 발생하는 부정적인 현상이다.

타인에게 집착하는
비뚤어진 애정

혹시 스토킹을 당해본 적이 있는가? 요즘 같은 세상에서 스토킹은 연예인들만 겪는 문제가 아니다. 하지만 대부분의 사람들은 '자신은 스토커와는 거리가 멀다'고 믿는다. 그 비슷한 경험이 있는 사람일지라도 자신은 '단지 열정적으로 사랑했을 뿐'이라고 항변한다. 영화나 드라마에서도 이별을 고한 이성에게 집요하게 매달리는 장면을 흔히 볼 수 있다. 집 앞에서 몇 시간씩 기다리다가 타박을 받고도 계속해서 쫓아다니는 내용이 나오기도 한다.

그러나 스토킹은 그런 것과는 확연히 다르다. 그들은 자신이 버림받을지도 모른다는 환상에서 벗어나지 못한다. 그러다가 실제로 헤어질 상황이 벌어지면 그때부터 더 적극적으로 애정 표현을 하며 매달린다.

상대가 떠나려는 건 자신이 좀 더 진지하게 애정 표현을 하지 않아서라고 착각한다. 그들은 "지금부터라도 내가 더 잘할게. 우리 다시 한 번만 생각해 보자. 난 너 없인 못 살아. 너도 나를 사랑하잖아"라고 호소하며 매달린다. 하지만 그럴수록 상대는 더 질려버린다.

어떤 이들은 매달리는 상대가 불쌍해서 받아주기도 하는데, 그럴수록 스토커와의 관계는 악화된다. 실제로 그렇게 결혼해서 삶이 망가지는 경우도 제법 봤다. 상대가 매달리는 경우 미안해서 거절하지 못하는 사람들이 제법 있다. 그러나 '스토커에게 거절하는 것'을 피해자가 미안해할 필요는 없다. 싫다면 싫다는 감정을 단호하게 표현해야 한다.

나에게 상담을 요청했던 분의 실화다. 그녀는 결혼을 앞둔 동생의 남편, 그러니까 매제가 될 남자가 의심스러워 여러 가지를 알아보았다고 한다. 그러던 중 매제 될 사람의 말 대부분이 거짓임을 알게 됐다. 그녀는 이런 사실을 동생에게 바로 알렸고, 사태를 파악한 동생도 파혼을 선언했다.

그런데 그때부터 이 남자가 동생의 집과 회사를 오가며 스토킹하기 시작했다. 하루는 회사 앞에서 동생의 동료들이 있는데도 납치하다시피 동생을 차에 태워 으슥한 곳으로 데리고 갔다. 그러고는 농약 병을 내밀며 너 죽고 나 죽자 식으로 협박을 했다. "너 먼저 먹어라. 너 죽는 것 확인하고 나도 따라 죽겠다"며 위협했다고 한다.

급기야 남자는 다니던 회사에 사표까지 쓰고 동생만 쫓아다니기 시작했다. 너무 힘들어진 그녀의 동생은 '잠시 이 사람의 마음을 받아줬다가 나중에 정신이 돌아오면 그때 헤어질까?' 하고 고민 중이라고 상담 의뢰가 왔다.

단호한 거절을 두려워하지 말라

회사까지 그만두고 쫓아다니는 데다 농약 병까지 내밀 정도라면 이것은 사랑의 도를 넘은 전형적인 스토커의 행태다. 이런 사람을 다시 받아준다는 것은 대단히 위험한 결정이다.

정신 의학에서는 이런 사람들의 정신 상태를 '경계성 성격 장애(Borderline personality disorder)'라고 규정짓는다. 여기서 '경계'라는 말을 쓰는 건 그의 성격이 신경증적 증상과 정신증적 증상을 복합적으로 나타내거나, 신경증과 정신병의 양쪽 경계선에서 심각한 문제를 보이고 있다는 의미다.

경계성 장애를 겪고 있는 사람들은 정체성이 없다는 게 특징이다. 자신이 누구인지, 무엇을 원하는지, 어디로 가고 있는지, 왜 특정 현상에 과도하게 반응하는지 스스로도 종잡지 못한다. 그러다 보니 감정 기복이 심하고 이런 감정의 요동이 극명하게 외부로 표출된다.

나아가 직장도 한 곳을 꾸준히 다니지 못해 삶이 안정적이지 못하다. 이들은 하루에도 천국과 지옥을 몇 번이나 오간다. 자신을 통제하지 못해 어쩔 줄 몰라 하며 쉬이 좌절감에 빠진다. 또한, 예측이 불가능한 돌발 행동으로 주위 사람들을 혼란스럽게 만든다.

또 하나 중요한 특성은 이런 사람들일수록 외로움과 고립감을 더 많이 느낀다는 점이다. 그러다 보니 자신과 코드가 맞는 사람에게 의존하려 들고, 상대가 조금이라도 자신을 싫어하는 기색을 보이면 견디지 못한다.

만일 자신에게 지극 정성을 보이던 사람이 어느 날 갑자기 극명하게 적개심을 표한다면, 경계성 성격일 가능성이 농후하다. 이런 현상이 심해지면 누군가를 향한 스토킹 현상이 발생한다. 이는 '사랑'이라는 미명하에 시작해 끝내 '증오'로 끝날지도 모르는 불행한 시나리오다.

직장에서 사표까지 쓰고 극단적으로 매달리는 옛 연인을

불쌍하다고 받아줘서는 안 된다. 자신뿐만 아니라 상대와 주변 사람들까지 힘들게 할 수 있다. 지금 당장은 연민의 정이 느껴지더라도 좀 더 매몰차게 관계를 끊어야 한다.

비뚤어진 사랑의 이유

그렇다면 스토킹을 하는 사람은 대체 어떤 사람일까? 지금부터 그들의 심리와 행동 패턴을 알아보자.

• 충분한 사랑을 받고 자라지 못한 경우

스토커들 중에 많은 경우가 어릴 때부터 충분히 사랑받지 못한 사람들이다. 그래서 성인이 돼서도 내면에는 미성숙한 어린아이가 자리하고 있다. 이들은 언제든 사람들로부터 버림받을 수 있다고 생각해서 사람으로부터 상처 받는 것을 극히 두려워한다.

이런 유형의 사람들은 결혼 뒤에도 상대를 의심해서 메신저 내용과 문자 내용, 통화 내역, 카드 내역 등을 수시로 확인하려 든다. 지나치게 집요해서 거의 병적인 수준이다. 한 번 보고 나면 더 궁금해하며 계속해서 추적한다. 문제는 내용을 엉뚱한 상상으로 비약해 확대 해석한다는 것이다.

놀라운 게 있다면 이들은 자신이 스토킹하고 있다고 생각하지 않는다는 점이다. 사랑하기 때문에 관심이 많을 뿐이라고 생각한다. 그러나 당하는 사람은 고통 속에서 살아가게 된다. 결혼 뒤에도 이런 집요함 때문에 고생하는 경우가 제법 많다.

- 고도화된 현대의 사회적 환경

고도로 발달된 사회일수록 사람을 직접 대면해 대화할 수 있는 기회가 줄어든다. 기계나 디지털이 사람과 사람을 연결해 주니 소통 속에 인간적 따뜻함이 배제되게 마련이다. 이처럼 인간의 감정을 대하기 어려운 시대에는 더욱 고립감과 소외감이 만연하게 된다. 그러다 보니 많은 이들이 특정한 대상에게 매달리게 되는데, 심해지면 즉각적으로 대화를 원하고, 더 잦은 만남을 원하고, 더 깊은 사랑을 갈구하게 됨으로써 상대를 구속한다.

이런 병적 현상을 극복하기 위해서는 어떻게 해야 할까? 무엇보다도 자신의 정체성부터 회복할 필요가 있다. 자신이 누구인지 올바르게 재정립하고, 자기 삶의 의미를 올바르게 규정해야 한다. 자신의 내면을 들여다보며 스스로 마음의 상처를 헤아려 살피고 흩어진 퍼즐의 조각들을 하나씩 새롭게 맞춰 나가야 한다. 정체성이 없는 사람들은 자기 삶이 상대나 주위 환경에 의해 결정된다고 믿는다. 상대가 자신을 사랑하지 않으면, 온전한 삶이 존재할 수 없다고까지 생각한다. 이런 극단적인 틀을 깨트리는 것이 중요하다.

내 삶의 행복은 주위 환경이나 다른 사람에게 좌우되는 것이 아니다. 오로지 나 자신만이 결정할 수 있다. 그러려면 무엇보다도 높은 자존감이 필요하다. 스스로에게 작은 용기를 자주 북돋아줘야 한다. 그 누구도 아닌 나 자신부터 사랑하는 연습을 해야 하는 이유가 바로 여기에 있다.

심리학+

#가스라이팅 효과

상대방을 위한다는 명목으로 자신이 원하는 목적을 이루기 위해 상대방의 행동을 통제하려는 현상을 일컫는 심리학 용어. 잉그리드 버그만의 영화 〈가스등〉에서 이름을 따왔다. 최근 '사랑한다면 이 정도는 해줘야 되는 것 아니야'라는 식으로 강요되는 데이트 폭력에서 많이 쓰이는 용어다.

짜증을 통제하는
아홉 가지 감정 관리법

"아, 짜증나!" 누구나 한 번쯤 마음에 떠올려본 말일 것이다. 하루에 수십 번씩 이 말을 내뱉는 사람도 있으리라. 하지만 어린아이도 아니고 다 큰 어른이 짜증을 다스리지 못한다면 문제다. 그런 어른은 인격적으로 수양이 덜 된 사람처럼 보이기 마련이다. 짜증 잘 부리는 어른을 누가 좋아하겠는가. 그렇지만 어른이 돼서도 짜증이 나는 건 어쩔 수 없다.

"왜 이렇게 사소한 일에 짜증이 나지? 짜증을 내지 않으려고 해도 안 되는 이유가 뭐지? 어른이 된 아직도 인격 수양이 덜 된 걸까?"

그나마 이런 생각이라도 하는 사람이라면 조금은 성숙한 사람이다. 나는 '짜증'을 이해하기 위해 단어의 의미부터 찾아봤다. 사전을 살펴보면 짜증은 '마음에 꼭 맞지 아니해 발칵 역정을 내는 행동이나 성미'를 뜻한다. 이는 '화'나 '분노'에 비하면 약한 감정이지만 부정적인 감정임에 틀림없다.

사실 나는 나이가 들면 인격적으로 성숙해지는 만큼 짜증이라는 유치한 감정도 자연스레 사라질 것이라고 믿었다. 그러나 나이가 들어도 짜증이라는 건 쉬이 사라지지 않는 감정임을 깨달았다. 아니, 오히려 어릴 때보다 더하다는 생각이 들었다. 그래서 이참에 '사람들은 왜 짜증을 내는 것일까? 어떻게 하면 짜증을 다스릴 수 있을까?' 고민해 봤다.

왜 짜증이 날까?

핑계 없는 무덤 없다고, 세상에 이유 없이 벌어지는 일은 없으리라. 짜증이라는 감정도 마찬가지다. 평소 우리가 우리 자신의 감정을 잘 헤아리지 못해서 벌어진 결과다. 서울대병원 가정 의학과 박민선 교수는 〈왜 이유 없이 짜증이 날까〉라는 제목의 기사에서 짜증의 이유로 다음 세 가지 요인을 들었다.

첫째, 체력 소모가 많을 때다. 몸은 휴식이 필요하다고 신호를 보내는데 이를 따르지 않고 계속 움직일 경우, 우리 인체는 교감 신경계가 활성화돼 예민해진다. 둘째, 머릿속으로는 해야 한다고 생각해서 하고는 있지만 하고 싶지 않은 일을 억지로 할 때다. 인체에 스트레스 호르몬이 다량 분비되기 때문이다. 셋째, 식사량이 부족할 때다. 바빠서 혹은 체중 조절 때문에 제대로 식사를 못하거나 식사 시간이 늦어질 때 가슴이 두근거리고 두통으로 머리가 지끈거릴 때가 있다. 이럴 때 짜증이 나다가 무기력한 상태가 되는 경우도 있다.

짜증의 특징은 대개 비슷한 상황에서 반복된다는 점이다. 위의 세 가지 요인 외에도 짜증이 밀려오는 이유나 상황들은 열거할 수 없을 정도로 많다. 사람은 자신이 언제 짜증이 나는지 열거해 보는 것만으로도 도움이 된다. 최소한 그런 감정이 드러나는 상황이나 시기를 알 수 있다는 것만으로도 여유가 생기기 때문이다.

짜증에는 이런 상황적 요인뿐만 아니라, 자기도 모르는 기질적 특징이나 성격과 체질 같은 유전적 요인도 영향을 미친다. 심지어 화를 관장하는 두뇌의 편도체에 손상이 생겨서 그렇다는 주장도 있다.

감정을 통제하는 효과적인 방법

짜증을 다스릴 수 있는 방법은 일단 짜증났던 상황을 상세하게 기록해서 그 원인과 대처 방법을 꼼꼼히 살펴보는 것이다. 무엇보다 짜증을 유치한 감정이라고 치부하지 않을 필요가 있다. 그렇게 짜증을 별문제 아니라고 치부해 버리며 감정 통제에 소홀할 경우, 이것이 화나 분노로 자라나 더 큰 고통을 초래할 수 있다. 작은 짜증이라도 무턱대고 방치해서는 안 된다.

만일 평상시보다 짜증이 심해지고 있다면, 이는 앞으로 문제가 발생할 수 있다는 마음의 경고 신호로 받아들일 필요가 있다. 운전할 때도 마찬가지다. 빨간 신호등을 반복적으로 무시하면 결국은 사고가 나기 마련이다. 마음의 경고 신호를 계속 무시해서야 되겠는가. 지금부터 짜증을 통제하는 아홉 가지 방법을 알아보자.

1. 미리 예방하기

짜증은 특정 상황에서 반복되는 경향이 있으므로 자신이 어떨 때 짜증이 나는지 미리 파악해 두는 것만으로도 마음이 편해진다. 짜증나는 감정이 들 때마다 기록해 보자. 일명 감정

일기다. 바로 그 순간에 작성하기 힘들다면 잠시 시간이 흐른 뒤에라도 상황을 기록해야 한다. 짜증 이외에도 마음속에서 일어나는 모든 감정들을 일일이 기록하면 더 좋다. 평소에 자기 자신과의 셀프 대화도 좋다. 이런 방법만으로도 문제를 예방할 수 있을 뿐만 아니라, 자신을 이해하고 탐색하는 데 도움을 얻을 수 있다.

2. 즉각적으로 반응하지 않기

갑작스러운 상황에 놓이더라도 순간적으로 올라오는 불쾌한 감정 표현을 최대한 늦추자. 1분, 아니 10초, 5초만 늦춰도 된다. 사실 1초만 늦춰도 좋다. 크게 심호흡 한 번 하는 것만으로도 효과가 있다. 조금만 반응 속도를 늦춰도 폭발의 피해를 최소화할 수 있다.

3. 상대에게 타당한 이유가 있을 것이라고 생각하기

친구가 약속 시간에 늦게 나왔다고 치자. 짜증을 부리기 전에 그럴 만한 이유가 있을 것이라고 생각해 보면 어떨까. 최소한 나를 해하려고 일부러 늦진 않았을 것이다. 대중교통이 늦을 때는 '출퇴근 시간이라 차가 많이 막혀서 그렇구나' 하고 상황을 너그럽게 받아들여 보자.

4. 혼자 갇혀 있지 않기

혼자서 오랫동안 생활하다 보면 다른 사람의 감정 읽기가 어려워진다. 울적하고 예민한 감정 상태가 되기 쉬워 사소한 일에도 과민하게 반응할 수 있다. 평소에 다른 사람들과 즐겁게 어울리는 시간을 자주 가지는 것이 불쾌한 감정을 해소하는 데 도움이 된다. 사람들과 대화를 나누는 것만으로도 짜증이라는 에너지는 빠져나가기 마련이다.

5. 에너지 분출구 마련하기

짜증은 순간적인 감정이 아니다. 내면에 숨겨져 있다가 폭발하는 감정이다. 따라서 짜증이 난다면 쌓아 두지 말고 그때그때 적절히 해소해 주는 게 좋다. 매번 짜증을 내라는 뜻은 아니다. 짜증이라는 부정적인 에너지를 외부로 건강하게 발산시켜 보자는 것이다. 이를테면, 몸을 움직이거나 취미 생활 등 다양한 활동을 통해 에너지 분출구를 마련하는 것이 좋다.

6. '짜증=나쁜 것'이라는 공식 버리기

경우에 따라 정당한 대우를 받기 위해서 짜증이 필요하기도 하다. 잘못된 상황에서는 그 잘못을 지적해야 정당한 대우를 받고 상대의 잘못된 행동도 바로잡을 수 있다. 다만, 잘못을 지적하는 표현을 어떻게 완곡하게 할 것인지 고민하고 익혀야 한다. 안 그러면 내가 쏜 화살이 독화살로 내게 되돌아와 꽂힐 수 있다.

7. 건강하게 화내기

짜증이 화로 나타날 수 있다. 이때 참고 있다 폭발하듯 토해 내고 나면 감당할 수 없는 상황이 될 수 있다. 그러지 않기 위해서는 자신의 감정을 표현해야 한다. 화가 날 때 화가 난다고, 자신의 감정 변화를 솔직하게 말하는 것이다. 이때 조금 더 완곡한 용어로 사용하면 더 효과가 있다.

8. 상대보다 나은 부분에 집중하기

짜증은 상대가 나를 깔본다는 생각이 들 때 더 쉽게 생겨난다. 특히 나보다 못하다고 생각이 드는 상대가 나보다 잘나간다고 느낄 때가 그렇다. 우리는 자기가 상대보다 우월하다고 느낄 때는 짜증을 잘 내지 않는다. 긍휼한 마음이라는 훌륭한 방패가 생겨서다. 따라서 누군가로 인해 짜증이 난다면 어른이 아이를 보는 느낌으로 상대를 바라보라. 돈에서든 외모에서든 인격에서든 아주 사소한 것이라도 좋다. 상대보다 나은 내 장점에 집중하라.

9. 의미 있는 활동하기

사람은 스스로 무가치하다고 느낄 때 쉽게 부정적인 감정을 품게 된다. 아무것도 하지 않으면 화가 더 쌓인다. 그럴 때는 멍하게 있지 말고 몸을 움직여라. 적게는 무엇이라도 해 보는 것이 좋다. 청소나 설거지도 좋다. 독서나 글쓰기라면 더 좋다. 무엇이든 가치 있는 일을 찾아서 행하라. 스스로 뿌듯할 정도로 의미 있는 활동을 하라. 그렇게 의미 있는 일에 몰입하다 보면 부정적 감정도 자연스레 사라지기 마련이다.

심리학+

#자기 관찰법

심리학자가 내담자의 심리를 파악하기 위한 행동 평가 방법 중 하나. 내담자 스스로 자신의 행동이나 정서 등에 대해 관찰하고 기록하도록 해 자신의 이해를 증진하고, 바람직한 행동으로 나아갈 수 있도록 돕기 위한 수단으로 활용되고 있다.

스스로에게 힘과 용기를
불어넣는 방법

모 대학에 근무하던 유명한 S 교수의 일화다. 그는 어린 시절부터 누구보다 성실하게 살아왔다. 그 덕분에 남부럽지 않은 사회적 명성과 지위도 얻었다. 만족하지 못할 것이 없었다. 그런데 50대 중반쯤에 들어서면서 원인 모를 불안감에 빠졌다.

평소에도 차분한 성격으로 자기 탐색을 잘하는 전문가라 심리적 불편함의 원인을 스스로 찾아보려고 노력했다. 그러나 이상하게도 그 이유를 찾을 수가 없었다. 남부럽지 않은 삶을 살고 있었고, 타인도 자신을 존중하며 그 자신도 만족하고 있었기 때문이다.

할 수 없이 그가 아끼던 제자에게 자신의 고민을 토로했다. 그러자 젊은 제자가 웃으면서 그녀에게 A4 용지 한 장을 내밀었다. 그러고는 "이 종이에 교수님이 가지고 싶은 것과 하고 싶은 일을 다 적어서 채워주세요"라고 요청했다. S 교수는 신입생처럼 과제를 성실히 수행해 A4 용지를 빼곡하게 채웠다. 그런데 그 목록에는 의외로 아이들이 가지고 싶어 하는 물건이 많았다.

얼마 뒤, 제자와 길을 걷던 S 교수는 자기도 모르게 쇼윈도에 있는 곰 인형에 눈길을 멈췄다. 그리고 "와, 예쁘다!" 하고 소리쳤다. 스승의 마음을 알아챈 제자가 그 자리에서 곰 인형을 사서 선물했다. 순간 S 교수의 '내면의 어린아이'가 깨어나기 시작했다.

S 교수는 곰 인형을 끌어안고 자는 게 좋았다. 감정적으로 다시 평온을 찾은 기분이었다. 그러던 어느 날, 위층에 사는 아이가 엄마와 함께 S 교수 집에 놀러왔다. 아이는 이불장에서 삐쭉 빠져나온 곰 인형의 팔을 발견했다. "와, 곰 인형이다!" 하고 외친 아이가 인형의 팔목을 잡아서 끌어내리며 "저 주세요!"라고 했다. 순간 S 교수가 고함을 질렀다.

"안 돼. 그건 내 거야!"

아이도 놀랐고 엄마도 놀랐다. 하지만 가장 놀란 건 S 교수 자신이었다. 아이 엄마는 아이에게 "교수님이 오늘 피곤하신가 보다. 집에 가자" 하고는 조심스럽게 아이를 데리고 나갔다. 그런데 S 교수는 미안한 마음보다 오히려 잘했다는 생각이 들었다. '내 것을 지켰다'는 뿌듯한 마음이 들었기 때문이다.

내 안의 어른 아이 위로하기

장녀였던 S 교수는 동생들이 많아서 응석 한 번 못 부리고 성장했다. 한국 전쟁을 거친 세대라 장난감 같은 것은 꿈도 못 꿀 형편이었다. 학교에서도 모범생이었기 때문에 가족들도 그에게 별 신경을 쓰지 않았다.

누구보다 열심히 공부해 대학 교수가 됐고, 명망 있는 위치에 올랐다. 하지만 아직도 내면에는 성숙하지 못한 어린아이가 자리 잡고 있었다. 어린 시절부터 동생들만 챙기던 습관이 남아있는 탓에 사회에서도 늘 남들 챙기느라 자기 것은 챙기지 못했던 것이다. '착한 아이'라는 말을 듣기 위해서 너무 많은 부분을 희생했다. 그렇게 삶의 즐거움마저 저버리고 살아야 했던 것이 심리적 불편함을 일으켰던 요인이 아니었을까. 남모를 불편함이 남아있다는 사실을 깨닫게 된 S 교수는 이전보다 더 활기찬 삶을 살아갈 수 있게 됐다.

심리학자 융은 이 같은 내면의 아이를 '어른 아이(adult child)'라고 부른다. 어린 시절에 당연히 받아야 할 무조건적인 애정과 관심을 받지 못한 사람은 어른이 됐을 때 겉모습은 성인이어도 내면에는 상처 받은 아이가 남아있게 된다. S 교수는 '나도 떼를 쓸 수 있고, 응석부리고 사랑받고 싶다'는 유치한 욕망을 발견하는 순간, 오히려 마음의 평온을 느낄 수 있었다.

20대도 마찬가지다. 많은 청년들이 겉으로 보기에는 다 큰 성인이지만, 내면에는 아직 치유되지 않은 어린아이가 살고 있다. 어린 시절 견디기 어려웠던 상처나 '누군가로부터 받은 설움이나 부모와의 갈등, 친구와의 다툼, 상대적인 가난이나 학력, 외모 등에 대한 열등감과 콤플렉스'들이 알게 모르게 남아 있을 수 있다.

한편 융은 이런 과정을 잘 극복하고 바르게 성장한 어른을 '자연스러운 아이(the natural child)' 또는 '놀라운 아이(wonder child)'라고 불렀다. 결국 어른은 아이의 연장선이자 좀 더 성숙한 아이에 불과하다는 것이다.

만일 자신이 미성숙하게 느껴지고 그 때문에 일상이 어긋난다고 느낀다면, 오히려 내면의 아이를 있는 그대로 바라보고 인정해 주려고 시도해야 한다. 그런 유치한 내면의 아이까지 다독거려 줄 수 있는 사람이 오히려 진정한 어른이다. 나 자신도 부조리한 인간이라는 사실을 받아들이고, 어린 시절에 상처 받았던 내면의 아이에게 힘과 용기를 불어넣어 줘야 한다.

이제 우리 안의 어른 아이에게 한마디 해 주자. "그래. 잘했어. 내가 이 정도 성숙할 수 있었던 것은 모두 네 덕분이야. 고마워"라고.

심리학+

#내면 아이

한 개인의 정신 속에서 하나의 독립된 인격체처럼 내면에 존재하는 아이의 모습. 어린 시절에 감정이 억압된 채 성장하면 상처 받은 그 아이는 성인이 된 뒤에도 계속해서 내면에 남아 있다. 이는 성인기 부적응의 원인이된다. 반면 상처 받은 내면 아이를 올바르게 직면하면 어린 시절에 해결하지 못한 슬픔이나 고통을 해결할 수 있다.

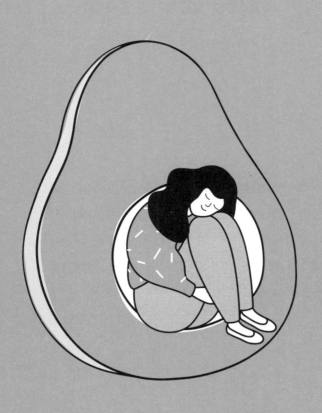

성격 심리학 :
사람의 마음을
읽는 방법

우리가 심리학을
써먹는 방법

심리학 강의를 할 때 가끔 심리 검사를 해보기도 하는데, 마지못해 검사에 임하는 사람들이 종종 있다. 그들은 이렇게 투덜댄다.

"먹고 살기도 바쁜데 이런 검사는 뭐하러 해? 내 성격이 더러운지 어디 한번 보자는 거야, 뭐야."

그렇다. 우리는 바쁘다. 취업이나 학업뿐만 아니라 돈도 벌어야 하고, 더 나은 관계, 더 나은 자기 계발, 더 나은 직업생활, 더 큰 성공 목표도 있고, 집안의 소소한 일이나 내 삶의 행복을 위해 해야 할 일이 산더미처럼 산재해 있다. 그렇다면 갈 길도 바쁜데 왜 굳이 사람들의 마음속까지 들여다보려고 노력해야 할까? 만일 사람들의 심리를 이해하지 못한다면 어떤 일이 벌어질까?

1. 자신을 이해할 수 없다.

자신을 이해할 수 없다는 건 내 마음이나 본성, 내면, 기질, 성향 등을 모른다는 것이다. 이는 곧 자아 정체성 확립이 어려워진다는 의미다. 정체성 확립에 어려움을 겪을 경우, 우리는 쉽사리 알 수 없는 내면의 불안과 혼란에 빠지게 된다. 진정한 나다움으로 살아갈 수 없게 되기 때문이다. 내면의 '자아'를 이해하려면 수면 위로 드러나는 '성격'을 먼저 이해해야 한다. 내가 꿈꾸는 인생의 해답이 내면에 담겨 있음을 믿고 자기 이해의 폭을 넓혀야 한다.

2. 다른 사람을 이해할 수 없다.

자신의 심리를 이해하지 못하는 사람은 가족이나 친구의 마음뿐만 아니라 조직이나 사회 구조, 구성원들의 관계도 이해하지 못할 수 있다. 세상은 혼자 살아갈 수 없다. 반드시 누군가와는 관계를 맺어야 한다. 부모, 자식, 친구, 연인, 부부, 직장 동료, 주인과 고객, SNS 등의 수많은 관계 속에서 살아가기 마련이다.

여러분은 주변 사람, 아니 가장 가까운 사람들의 내면이나 성격을 얼마나 많이 이해하고 있는가? 가족이나 친구에 대해서도 모르는 경우가 많으니 다른 사람들은 두말할 필요도 없다. 사람들은 대개 겉으로 드러난 특정 행동이나 외양만 보고 상대를 판단한다. 하지만 그것은 어디까지나 밖으로 드러난 단편적인 파편일 뿐이다. 자신의 내면을 폭넓게 이해하려는 노력만으로도 타인을 이해하는 데 작은 도움을 얻을 수 있다.

3. 세상을 이해할 수 없다.

인간의 심리를 모르면 인간의 경제, 사회, 경영, 부의 흐름 등 중요한 삶의 맥락도 이해하기 어렵다. 작게는 우리의 이익과 결부된 취업이나 이직, 승진, 심지어 돈의 흐름도 알 수가 없다. 돈을 쓰고 버는 행위의 마지막 접점에는 언제나 사람이 존재하기 때문이다. 심지어 소비 행동조차도 알고 보면 인간 내면의 심리와 연관이 있다.

인간 내면을 이해하지 못하는 사람은 거시적으로는 정치, 경제, 사회, 역사의 흐름도 이해할 수 없다. 기업이나 국가라는 조직도 결국은 사람이 운영하는 집단이기 때문이다. 그들 내면에 가장 깊숙이 자리 잡고 있는 심리와 성격을 알아야 비로소 통찰력을 기를 수 있다.

심리 검사의 효용성

요즘은 학교뿐만 아니라 채용 현장이나 기업 현장에서도 다양한 심리 검사를 진행한다. 이때 많은 이들이 취조라도 받는 것처럼 이를 불편하게 느낀다. 나아가 '도대체 어떻게 성격을 검사할 수 있나? 왜 이런 걸 믿어야 하지? 이런 검사가 필요한 이유는 뭐지? 어떻게 사람을 특정 유형으로 구분 지을 수 있나? 검사 결과는 믿을 수 있나? 심리 검사와 자기 계발이 무슨 상관이야?'라고 생각한다. 나 역시 이런 의문을 가진 적이 있다. 심지어 관련 분야의 자격을 갖춘 지금도 몇 가지 의문점을 해소하지 못했다.

단정적으로 말해서, 사람의 성격은 같을 수 없다. 나와 같은 경험을 하고 같은 인식을 하고 같은 환경에서 성장하고 같은 사건에 노출돼도 똑같이 생각하고 반응하는 사람은 없다. 심지어 복제 기술이 완벽하게 구현될 미래의 어느 날이 와도 나와 똑같은 사람은 영원히 없을 것이다.

자, 그렇다면 이처럼 다양한 인간의 차이점과 공통점, 인간 행동의 근원을 무엇으로 어떻게 설명할 수 있을까? 지금껏 많은 뛰어난 철학자와 사상가, 심리학자들이 인간의 본성, 성격, 의식, 무의식, 행동에 대해 수많은 연구를 진행해 왔다. 완벽하지는 않지만 그럼에도 그 결과를 후손들에게 전달할 수 있었다는 점에서 이런 연구들은 인간 이해를 넓히는 중요한 연구 성과들을 만들어냈다. 따라서 우리도 고대 철학에서부터 현대 심리학에 이르기까지 가능한 다양한 분야에서 언급한 위대한 자료를 많이 훑어보는 것이 좋다. 하지만 과연 그럴 만한 시간적 여유를 가진 사람이 얼마나 될까?

심리 검사를 사용하는 첫 번째 이유는 시간적 여유가 없는 사람을 위해 손쉬운 검사로 인간 내면의 기질과 성격을 추정해 볼 수 있기 때문이다. 두 번째 이유는 나와 유사한 부류의 사람들이 존재한다는 사실을 인식시켜 주기 때문이다. 지구상 80억 인구는 각각 민족, 국가, 환경, 교육, 생김새 등 모든 면이 다르다. 하지만 그들 중에 분명히 나와 유사하게 생각하고 반응하며 행동하는 사람이 있기 마련이다. 마치 나와 닮은 얼굴이 있듯이 말이다.

이런 측면에서 심리 검사 도구는 사람들끼리 어떤 면이 같고, 어떤 면에서 다른지를 파악하는 데 작은 실마리를 제공한다. 나와 유사한 특성을 가진 사람들의 공통점을 통해 나 자신을 이해하고 예측하며 교정하는 데 도움이 될 수 있다.

평범한 인간이 아무 도움 없이 자신을 찾아가려면 오랜 시간이 걸린다. 이때 심리 검사 도구는 그 험난한 길에 작으나마 훌륭한 힌트와 길잡이를 제공한다. 즉, 자기를 알아가는 시간을 단축해 줌으로써 표면 아래 깊은 곳을 더 치밀하게 살펴볼 수 있는 여유와 힘을 주는 것이다.

심리학+

#원형

어떤 사물의 본래 모습. 원형은 여러 세대를 거쳐 축적된 영속적인 정신 내의 상징적인 의미들을 말한다. 원형의 모습으로는 '페르소나, 아니마, 아니무스, 그림자, 셀프'가 있다.

'사람 보는 눈'의
비밀

'내가 사람 보는 눈이 있어. 한눈에 보면
척 알지'라고 말하는 사람들이 간혹 있다. 사실일까? 대개 허
풍이거나 편견일 가능성이 크다. 사람 마음을 헤아리기가 어
디 그렇게 쉬운가. 여러분은 어떤가. 가까운 사람들의 마음을
잘 알고 있는가. 가까운 친구나 동료는 어떤가. 가족이라면 자
신 있는가. 어머니나 아버지의 마음은 잘 알고 있는가. 아마도
선뜻 그렇다고 대답하기 쉽지 않을 것이다.

그러나 어떤 사람에 대해 충분한 자료만 준다면 그가 누구
여도 어떤 사람인지 판별할 수 있다고 프로이트는 말했다. 또
어떤 베스트셀러 작가는 단지 2초만 살펴봐도 그가 어떤 사람

인지 알 수 있다고 단언했다.

그런 사람들의 주장을 읽다 보면 고개가 끄덕여지는 부분도 있다. 하지만 나는 오히려 고개를 좌우로 젓게 만드는 논리가 더 많다고 믿는다. 심지어 그렇게 말하는 사람들의 논리가더 거짓될 가능성마저 높다고 본다.

한 사람의 성격은 하나로 정의할 수 없다

한번은 한 성격 유형 검사를 개발한 연구자의 교육 과정에 참여했다. 자신이 만든 성격 유형에 대해 확신에 차 있어서 처음에는 나도 매료됐다. 광적일 정도로 그를 추앙하는 사람들도 있었다. 그러나 시간이 지날수록 그에게서 거북함이 느껴졌다. 그는 자신이 개발한 검사가 그 어떤 검사보다 논리적 추론으로 만들어진 것이라고 강조했다.

그런데 검사 결과를 받은 사람들을 대상으로 자신이 직관적으로 봤을 때 당신은 검사 결과 유형이 아니라면서 다른 유형으로 가야한다고 지시하는 것을 보고 당혹스러움을 느꼈다. 자신이 만든 검사 결과를 스스로 뒤집는 모양새도 영 이상했다. 어떤 목사가 하느님도 내 마음대로 다 조정할 수 있다는 황당한 주장처럼 들려서 거북함이 느껴졌다.

자신은 온순하고 느긋한 유형이라 다른 사람에게 자기주장을 펼치지 못하는 사람이라고 했는데, 오히려 그 자신이 언급한 반대 유형의 지배적이고 독선적 유형에 더 가깝지 않나 하는 의구심마저 들었다.

그렇게 다른 사람의 유형을 마음대로 추정하고 지정하는 그가 마음에 들지 않다 보니 내 표정이 밝지 않았다. 아니나 다를까, 나 보고 자신이 개발한 검사 유형과 내가 다르다는 것이다. 원래 유형이라면 언제나 밝은 미소와 웃음이 가득해야만 하는데, 그렇지 못한 것으로 봐서 지배적인 유형이라는 것이다. 그래서 내가 고개를 갸우뚱했더니 나보고 '빠르냐, 느리냐' '일 중심이냐, 사람 중심이냐' 둘 중에 하나만 선택하라고 했다. 나는 어느 쪽에 가깝기는 하지만 그건 상황에 따라 달라질 수도 있다고 대답했다.

그랬더니 결코 그럴 수 없다는 것이다. 그래서 나는 어떤 사람이든 그러한 유형적 특성을 많이 가지고 있더라도 다른 성향을 가질 수 있다고 주장했다. 그러자 그는 더 큰 목소리로 결코 그럴 수 없다고 했다. 성격 유형은 혈액형과 같은 것이라 바꿀 수 없다는 것이다. 나는 그렇지 않다며 심리학자 융의 경향성을 내세웠다. 한 개인이 외향과 내향의 어느 쪽 경향성이 더 높을 수는 있으나, 외향인도 내향인의 성격을 가지고 있고 내향인도 외향인의 성격을 가질 수 있다고 주장했다.

그는 이제야 내 주장을 이해하겠다며 그건 융의 심리학을 도용한 특정한 검사의 문제라고 공격했다. 나중에는 융마저 유형을 제대로 이해하지 못했으며 잘못된 논리를 펼친 사람이라고 억지를 부렸다.

그의 이야기를 듣고 곤혹스러웠다. 자신이 만든 유형은 절대적이고 다른 사람이 만든 유형론은 모두 허점투성이라는 주장이 아닌가. 세상에, 어떻게 이렇게 독선적일 수 있단 말인가. 급기야 그는 자신이 '누구든 한눈에 보면 어떤 유형의 사람인지 딱 알아볼 수 있다'는 주장까지 펼쳤다. 그쯤 되자 그는 심리학이라는 학문으로 포장한 사기꾼이 아닐까 하는 의문이 들 정도였다.

세상에 절대적 평가 방법은 없다

특정 검사나 이론을 지나치게 강조하는 사람은 자칫 위험할 수 있다. 그들이 만든 이론이나 검사를 통해 나름대로 사람들의 심리를 이해할 수 있는 부분은 어느 정도 인정되겠지만,

그것만으로는 사람의 마음을 단정하기 어렵다. 인간의 심리란 단순하기도 하지만, 또 한편으로는 그 어떤 것보다 복잡하기 때문이다. 그런 만큼 사람 마음을 다 안다고 쉬이 자신해서는 안 된다.

'우리는 결코 다른 사람의 마음을 쉬이 알 수 없다.'

기본적으로 이러한 명제를 인정하지 않으면 사람의 마음으로 들어가기 어려울 수밖에 없다. 그것이 우리가 끊임없이 사람 마음을 공부해야 하는 이유다.

심리학+

#첫인상 효과

서로 상반되는 정보가 시간 간격을 두고 주어지면 정보 처리 과정에서 초기에 습득한 정보가 후기 정보보다 더 중요하게 작용하는 현상. 초두 효과라고도 불린다. 이와 반대로는 반발 효과가 있다. 첫인상이 어떠했던 반복해서 제시되는 행동이나 태도가 다르다고 느끼면 처음의 생각이 바뀌게 되는 현상을 말한다.

Chapter 5 **성격 심리학**

성격은 어떻게
만들어질까?

심리학자 하면 가장 먼저 떠오르는 사람 중에 한 명이 바로 프로이트가 아닐까. 인류는 오랜 시간 동안 인간 심리에 관심을 기울여 왔다. 하지만 심리학이 과학으로 인정받기 시작한 것은 불과 19세기 말의 일이다. 지그문트 프로이트는 바로 이 시기에 지대한 역할을 함으로써 '현대 심리학의 아버지'로 불리게 됐다.

프로이트의 정신 분석학은 심리학 외에도 과학, 문학, 예술, 철학, 교육, 종교 등의 많은 영역에 막대한 영향을 끼쳤다. 이처럼 역사적으로 중요한 인물이지만, 한편으로는 가장 많은 비난을 받은 사람이기도 하다.

여기서는 이런 프로이트 이론의 논쟁 여부를 떠나 이 파격적이었던 심리학자가 제시한 성격 구조론을 토대로, 우리 자신의 자기 탐색에 도움을 얻고자 한다. 캘빈 S. 홀의 『프로이트 심리학』과 이무석 교수의 『정신분석에로의 초대』라는 도서를 참조해 프로이트의 성격 구조론을 풀어보겠다.

인간을 구성하는 세 가지 요인

인간은 때로는 합리적인 사고와 행동을 견지하다가도, 때로는 비합리적이고 알기 힘든 충동에 사로잡힌다. 때로는 좌절하고 때로는 만족하며, 희망과 절망이 교차하기도 한다. 이기적이었다가도 또 한편으로 이타적이 되기도 한다. 캘빈은 한마디로 복잡하기 짝이 없는 게 인간인데, 이런 면에서 프로이트의 인간관이야말로 인간의 근원적인 가치를 설명하기에 유용하다고 주장한다.

프로이트는 '퍼스널리티(성격, 性格)'를 구성하는 요인으로 '이드(ID), 에고(EGO), 슈퍼에고(SUPER-EGO)'를 내세운다. 간단히 해석하면 이드는 본능적 욕구, 에고는 행위의 주체인 현실적인 자아, 슈퍼에고는 초자아 또는 양심이라고 볼 수 있다.

그렇다면 이 세 요인들은 각각 어떤 특성으로 성격에 무슨 영향을 미칠까.

'이드'는 우리 성격을 형성하는 밑바탕이다. 이드는 평생 유치한 성향을 고수한다. 어른이 돼서도 보채고 성급하고 비합리적이고 자기중심적이고 이기적이라서 오직 자기 쾌락만을 추구하기 때문이다. 긴장을 이겨내지 못하고 즉각적인 만족을 추구한다. 이드는 말 그대로 '원초적 본능'이다.

반대로 '에고'는 쾌락의 원칙 대신 현실의 원칙을 고수한다. 에고는 이드가 가진 충동적인 본능만으로는 보다 높은 삶의 목표를 달성할 수 없음을 알고 있다. 결코 자기 안에만 갇혀서는 제대로 된 삶을 살아갈 수 없는 것이다. 인간은 어쩔 수 없이 외부 세계, 즉 주위 환경에 눈을 돌려야만 한다. 환경에 순응하거나 통제함으로써, 자신이 필요로 하는 것을 얻을 수 있다. 이때 타인과 세상의 상호 관계를 유지하는 심리적 기구로 에고가 작용한다. 현실 원칙의 목표를 굳건히 유지해 욕망을 충족시킬 수 있는 현실적 대상이 나타날 때까지 에너지 배설을 유예하는 역할을 담당한다.

나아가 에고의 이런 잠재력 실현은 경험, 훈련, 교육 등을 통해 강화될 수 있다. 예컨대, 대부분 사회 시스템의 일반 교육은 교육을 받는 이가 어떻게 효율적으로 사고하도록 만들

것인가에 주요 목표를 두고 있다. 이 모두가 자아의 발전을 도모하는 방편이다.

마지막으로 '슈퍼에고(초자아)'는 인격의 도덕적 판단 기능을 의미한다. 현실보다 이상을 대표하는 용어로, 쾌락이나 현실적 성취보다도 더 완벽함을 추구한다. 예를 들어, 아이들은 성장하면서 이상적 세계를 대변하는 부모의 권위를 받아들인다. 이를 통해 성급하게 욕망을 추구하는 행동을 고쳐나가고, 권위 있는 사람들로부터 인정받기 위해 노력하고, 처벌에서 오는 불쾌감을 피하려고 한다. 바꿔 말하면, 현실 원칙에 따라 행동함으로써 불쾌감을 피하고 쾌감을 얻으려면 다소 불편하더라도 부모와 사회의 도덕적 규제에 순종해야 한다는 생각을 내재화하는 것이다.

본능을 조절하는 자아의 힘

그렇다면 쾌락적 본능을 따르는 이드는 나쁜 것이고 도덕을 따르는 초자아는 늘 좋은 것일까? 이 문제는 그렇게 단순하지 않다. 이드는 본능적인 동시에 생동감의 원천이자 정신 에너지의 샘물이다. 이드가 과도하게 억압당할 경우 그 사람은 활기가 없고 무기력해진다. 나아가 필요할 때 자기주장을 펼치고 적절히 공격하고 방어할 수도 있는 것도 이드가 그 역할을 해주기 때문이다.

반면에, 초자아가 발달한 사람은 윤리와 도덕성을 잘 지키는 강직한 사람이 될 수 있다. 하지만 초자아가 지나치게 강해지면 자기 잘못을 견디지 못하게 돼 조그만 잘못에도 죄의식에 시달리거나 무의식적으로 자신에게 벌을 가하고 가혹하게 자신을 학대할 수 있다. 원인 모를 두통이나 복통에 시달린다거나 어딘가에 부딪혀 다치거나 귀중품을 분실하는 사건 등도 때로는 이런 맥락에서 발생한 결과일 수 있다.

또한 초자아가 지나치게 발달한 사람의 경우, 자기 스스로를 도덕적이라고 규정함으로써 도덕심이 부족해 보인다거나 자신의 기준에 맞지 않는 행동을 하는 사람들을 마구 공격하는 부작용이 일어날 수도 있다. 이때, 이 같은 공격성은 자신의 초자아뿐만 아니라 이드의 본능적 공격 욕구도 동시에 충족시키는 결과다.

다시 말해, 건강한 자아란 본능적 욕구와 이를 잠재우려는 초자아의 싸움을 중재한다. 우리는 늘 현실과 이상 사이에서 주변 상황을 참작해서 합리적으로 욕구를 충족시킬 길을 에고를 통해서 찾는다. 또한, 이런 건강한 자아는 우리로 하여금 현실에 적응하고 마음의 평화를 얻게 해준다는 점에서 반드시 고양시키고 가꿔야 할 인격적 과제다.

'자아가 건강할수록 마음의 여유를 가지고 살아갈 수 있다'는 말은 단순히 구호성 훈계가 아니다. 이것은 심리학적으로도 증빙된 명제다.

심리학+

#억압

고통스럽고 불쾌한 생각, 기억 등을 무의식 속에 가둬 놓으려는 마음의 작용. 인간이 해결할 수 없는 문제들에 대해 타협적인 해결책을 이끌어 내는 정신적 과정이다. 억압을 하면 고통의 기억들은 망각되지만, 그 힘은 무의식에 남아 인간 행동에 영향을 끼친다. 자아가 건강하면 억압을 통제할 수 있지만, 억압이 지나치면 자신의 에너지를 낭비하게 된다.

Chapter 5 **성격 심리학**

누군가의 자식이자,
형제이자, 친구

사람들은 누구나 사회적 가면을 쓰고 살아간다. 다만 무의식적으로 행동하기에 정작 본인은 그렇게 가면을 쓴 적 없다고 주장하는 사람들이 있을 수 있다. 사실 많은 사람들이 그런 사실조차 모르고 살아간다. 이 때문에 자신을 알고 싶다면 자신이 쓰고 있는 인격의 가면부터 인식할 필요가 있다.

우리는 자신도 사회적 가면을 쓰고 살아가면서 타인을 향해 가면을 썼다고 비난하는 경우가 많다. 이중인격자처럼 겉과 속이 다르다고 비판한다. 반대로 상대가 있는 그대로를 솔직하게 드러내면 이번에는 지나치게 직선적이라고 비난하기도 한다.

이처럼 '인격적 가면'이라고 하면 대다수는 부정적인 측면만 떠올린다. 그러나 융은 적절한 인격적 가면이 사회를 살아가는 데 꼭 필요한 요소라고 강조한다. 그렇다면 과연 겉으로 드러난 모습이 그 사람의 전부일까?

인격적 가면을 의미하는 단어인 페르소나(Persona)는 원래 '극중에서 특정한 역할을 소화하기 위해 배우가 썼던 가면'을 의미했다. 인물(Person)이나 인격(Personality) 같은 단어도 여기서 유래한 용어로 보인다. 융은 자신의 심리학에서 페르소나를 위와 같은 의미로 차용한다.

우리가 타고난 성격이 아니라 다른 성격을 연기할 수 있는 것도 이 페르소나 덕분이다. 즉, 페르소나는 '다른 사람에게 보여주는 가면 또는 겉모습'으로, 사회의 인정을 받기 위해 좋은 인상을 주려는 의도가 내포돼 있다. 사회생활에서 적절하게 이 사회적 가면(역할, 지위, 이미지 등)을 쓰지 못하면 부득이하게 미움을 받거나, 진급에서 제외되거나, 실직하거나, 심지어 극단적인 상황으로 내몰릴 수도 있다. 페르소나는 우리에게 보다 만족스러운 물질적인 보상과 자연스러운 사회생활을 선사하는 셈이다.

하루 여덟 시간 동안 회사원의 가면을 쓰고 있던 사람은 직장에서 나오는 순간 그 가면을 벗어 버리고 좀 더 충실한 개인으로 돌아간다. 실제로 저명한 작가인 프란츠 카프카는 낮에는 회사에서 열성적으로 일하고 밤에는 저술과 문화 활동에 주력했다. 친구들에게는 직장이 싫다고 자주 말했음에도 그의 상사들은 카프카의 빈틈없는 업무 처리만 보았을 뿐, 그의 심중을 전혀 눈치채지 못했다고 한다.

가면 속의 진짜 나를 잊지 않도록

이런 페르소나는 유익한 만큼 유해할 수도 있다. 만일 한 역할에 너무 빠져들 경우, 인격에 내재된 타고난 성격적 요인이 자아에서 밀려날 수 있기 때문이다.

배우들은 자신이 맡은 역할에 몰입하기 위해 마치 주인공처럼 행동하며 사고하려고 노력한다. 그런 이유로 탁월한 메소드 연기를 펼치는 연기자도 있고, 지나치게 역할에 몰입한 나머지 빠져나오지 못해 어려움을 겪는 경우도 있다. 어벤져스의 영웅 아이언 맨의 원래 배역은 톰 크루즈였다고 한다. 그러나 톰 크루즈는 자신이 10여 년에 걸쳐 어떤 특정한 역할(페르소나)에 갇히는 것을 싫어해서 배역을 거절했다고 한다. 어떤 사람은 실수였다고 하지만 다양한 역할을 소화해야 하는 배우로서는 현명한 선택이었다. 반대로 특정 배역에 지나치게 몰입했다가 빠져나오지 못해 극단적인 선택을 한 배우들도 종종 있다.

이처럼 지나치게 팽창한 페르소나는 현실의 삶을 완전히 변화시키거나 혹은 파괴시킬 수도 있다. 영화 〈23 아이덴티티〉에서는 스물세 개의 인격을 가진 주인공 '케빈(제임스 맥어보이)'의 이야기를 다루고 있다. 주인공 내면에 숨어 있던 스물네 번째 인격이 새롭게 나타나면서 극단적인 행동을 취하는 주인공의 페르소나를 무섭도록 묘사하고 있다.

융은 팽창한 페르소나에 대해 "이는 정신 건강을 위해서 무의식적 위선자가 되기보다는 의식적 위선자가 되는 편이 나으며, 자신을 기만하기보다는 타인을 기만하는 편이 낫다는 점을 암시하고 있다"고 말했다.

모든 가면이 다 나의 모습이다

물론 가장 이상적인 페르소나는 어떤 종류의 기만이나 위선도 저지르지 않는 것이다. 그러나 좋든 싫든 페르소나는 인간 존재에 대한 하나의 사실이자, 어떤 형태로든 표현돼야 한다. 따라서 내면의 모습을 건강한 방식으로 분출하는 방법을 배워야 한다.

우리는 누군가에게 사랑스러운 딸이거나 아들이다. 때로는 미운 대상일 수도 있다. 또 누군가에게 사랑스러운 아버지이거나 어머니이기도 하다. 경우에 따라 두려운 부모일 수도 있다. 더불어 우리는 누군가의 미더운 친구거나 미덥지 못한 동료이기도 할 것이다.

이처럼 우리는 다양한 페르소나를 가지고 살아가며, 대다수 사람들은 자신에게서 이런 성격의 일부만을 볼 뿐이다. 우리는 사회 속에서 학생이라든지 팀장이라든지 관리자라든지 사장이라든지 하는 다양한 사회적 가면을 쓴다. 때로 '따뜻한, 차가운, 미운, 존경받는, 싫은, 아름다운, 얌체 같은, 이기적인, 배려하는, 권위주의적인, 나약한, 여성적인, 남성적인' 등의 인격적 탈도 쓴다.

하지만 다른 사람들에게 비치는 모습에만 지나치게 몰입하면 본래의 모습을 잊어버릴 수도 있다. 즉, 팽창된 페르소나가 몰고 오는 심각한 혼란으로 인한 정체성의 상실을 막으려면 타고난 내 본성과 정체성을 확립하는 것이 중요하다. 자, 이제 자신에게 다음과 같이 되물어 보자.

페르소나를 찾기 위한 질문들

- 지금 내가 쓰고 있는 인격적 가면은 무엇일까?

- 지나치게 팽창한 나의 페르소나는 무엇인가?

- 나도 모르게 형성된 사회적 페르소나는 무엇인가?

- 내가 써야 할 올바른 사회적 가면은 무엇일까?

- 내가 나로서 온전히 살아가려면 어떻게 살아야 할까?

심리학+

#페르소나

개인이 가진 사회적 역할 및 배우가 연기하는 캐릭터. 상황이나 사람에 따라서 각각의 요구에 맞춰 특정 행동이나 태도를 취하는 페르소나는 사회 정체감이자, 타인에게 보이는 이상적 심상이다. 페르소나는 자신이 나로서 있는 것이 아니고, 다른 사람에게 보이는 나를 더 중요시 여긴다. 융은 개인의 페르소나도 있지만, 부모나 사회로부터 이어지는 집단적인 형태로 드러나는 페르소나도 있다고 주장했다.

당신은 어떤 성향을 가지고 있나요?

인간은 어쩔 때는 천사로 보였다가 어쩔 때는 악마로 보이기도 한다. 이처럼 인간의 마음은 오묘하고 종잡을 수 없을 정도로 상대적이다. 그럼에도 인간에게는 마음을 일관되게 작동하려는 타고난 선호 경향이라는 게 있다. 이런 타고난 성격 유형을 알아보기 위한 검사 중에 하나가 MBTI다. 심리학자 칼 융의 심리 유형론을 근거로 캐서린 쿡 브리그스와 그녀의 딸 이사벨 마이어스가 일상생활에 적용할 수 있도록 만든 성격 유형 지표다. 두 모녀의 이름을 따서 MBTI(Myers Briggs Type Indicator)라는 이름을 가지게 됐다. 현재는 전 세계에서 가장 많이 사용하는 검사 도구 중 하나다.

MBTI를 이해하려면 먼저 이 심리적 선호 경향이라는 걸 살펴볼 필요가 있다.

나는 MBTI에 등장하는 네 쌍의 심리적 선호 경향을 설명할 때, 우리 내면을 '여덟 개의 손을 가진 괴물'로 비유한다. 사람은 오른손과 왼손 중에 하나만 주로 사용한다. 우리 내면에도 총 네 쌍의 오른손과 왼손이 있으며 이중에 한쪽씩만을 선호하는 경향이 있다. 이런 경향성의 긍정성을 드러내면 천사가 되기도 하고, 부정성을 드러내면 악마가 되기도 한다.

옛날 어르신들은 왼손을 사용하는 걸 좋아하지 않았다. 그래서 숟가락을 들거나 글을 쓸 때 왼손을 사용하면 부정 탄다고 꾸짖었다. 대다수의 왼손잡이들은 불편함을 느끼면서도 부모와 학교의 권위 때문에 어쩔 수 없이 오른손 사용을 받아들였다. 사회에 나가서도 마찬가지다. 직장이나 국가도 때로는 우리가 선호하지 않는 경향을 받아들일 것을 종용한다. 외향형 아이에게 조용히 침묵하고 있을 것을 지시하고, 내향형 아이에게 활달하게 움직이길 강요한다면 어떻게 될까. 그럴 때 우리는 평소에 사용하지 않던 손으로 이름을 쓰는 것 같은 불편함을 느끼게 된다.

이처럼 선호하지 않는 손을 강제로 사용해야 하는 상황 속에서 성장한 아이는 심리적으로 상처를 입게 된다. 대표적인 것이 자존감의 상실이다. 외부적 환경(부모, 국가, 사회, 교육 기관 등)이 한 개인의 타고난 성향을 억누름으로써 자신감과 신뢰감이 손상된다. 중요한 의사 결정의 순간에 자신감 있게 판단하지 못하고 갈등하게 되는 것이다. 나아가 이것이 자신에 대한 불신을 뛰어넘어 사회 불신으로까지 확대될 수 있다.

이런 아이들은 자신의 능력을 마음껏 펼치기가 어려워진다. 평소 사용하지 않던 손으로 글을 쓰면 불편할 뿐 아니라, 느리고 답답하고 어색하고 잘 안 써지기 마련이다. 우리 내면도 이와 비슷하다. 반대 성향을 자기 성향으로 끼워 맞춰 살아가게 될 경우 자기 능력을 마음껏 펼치기 어렵다.

자신을 부정당한 사람들

문제는 어린 시절에 이런 아픔을 겪고 성장한 사람이 어른이 돼서는 그런 기억을 잊어버린다는 것이다. 설령 당시에 불편한 사건을 기억한다 해도 정확한 원인을 모를 수 있다. 이렇게 타고난 성향(선호 경향)을 억압받았던 경험은 성인이 돼서도 무의식 깊은 곳에 자리 잡는다. 그리고 스스로 판단하고 결정하고 책임져야 할 순간에 자신을 신뢰하지 못하도록 만든다.

물론, 이런 억압 속에서도 훌륭하게 성장한 사람들은 있다. 그들은 자신에게 닥쳐온 역경을 극복함으로써 오히려 성장한 경우다. 자신의 선호 경향을 그대로 발달시키되 반대편 경향도 성공적으로 받아들일 줄 아는 것이다.

어떤 과일을 좋아하든 어떤 스포츠를 좋아하든 그것은 단지 개인의 선호도 차이일 뿐이다. 마찬가지로 우리 심리 경향에도 좋고 나쁨이 없다. 그저 오른손과 왼손 중에 주로 사용하는 손, 즉 기준이 있을 뿐이다.

다음은 MBTI의 여덟 가지 선호 경향 특성이다.

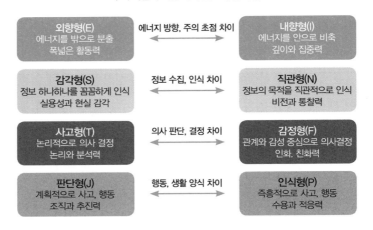

우리 마음의 여덟 가지 선호 경향 특성

외향형(E) 에너지를 밖으로 분출 폭넓은 활동력	에너지 방향, 주의 초점 차이 ←→	내향형(I) 에너지를 안으로 비축 깊이와 집중력
감각형(S) 정보 하나하나를 꼼꼼하게 인식 실용성과 현실 감각	정보 수집, 인식 차이 ←→	직관형(N) 정보의 목적을 직관적으로 인식 비전과 통찰력
사고형(T) 논리적으로 의사 결정 논리와 분석력	의사 판단, 결정 차이 ←→	감정형(F) 관계와 감성 중심으로 의사결정 인화, 친화력
판단형(J) 계획적으로 사고, 행동 조직과 추진력	행동, 생활 양식 차이 ←→	인식형(P) 즉흥적으로 사고, 행동 수용과 적응력

이렇게 네 가지 쌍에 의해서 열여섯 가지 성격 유형이 나온다. 인터넷으로도 도움을 얻을 수 있겠지만, 보다 정확한 검사와 해석은 MBTI 연구소나 전문가의 도움을 받는 것이 좋다.

솔직히 MBTI 교육을 처음 받았을 때 나 역시 '도대체 어떻게 인간을 특정 유형으로 구분할 수 있나' 하는 의문을 가졌다. 인간은 유형화할 수 없는 존재라고 믿었기 때문이다.

이랬던 나조차도 MBTI를 공부하면서 나 자신에 대해 더 많은 것들을 알게 됐다. 다른 검사 역시 마찬가지였다. 어쩌면 심리 검사 도구 그 자체보다도 내가 나 자신을 알아보기 위한 관심을 기울이는 행동 그 자체가 나를 이해하는 데 도움이 되지 않았나 싶기도 하다. 그렇게 심리학 책 읽기를 병행해나가면서 인격적으로나 사회적으로나 능력적으로나 경제적으로 성장할 수 있었다.

따라서 어떤 특정한 검사 도구가 중요한 것이 아니라, 우리 자신이 타고난 본성을 알아보려는 노력이 중요하다. 그런 측면에서 나와 다른 사람의 존재 그 자체를 이해하는 데 심리 검사 도구의 유용성도 있다고 받아들일 필요가 있다. 즉, 타고난 내 본성의 강점을 발휘하고 내가 가지지 못한 반대 성향도 이해하고 받아들임으로써 통합된 자아를 형성하기 위함이다.

작가 헤르만 헤세는 "우리의 목적은 서로 같아지는 것이 아니다. 우리가 서로를 인정하는 건 타인을 있는 그대로 존중하는 법을 배우기 위해서다"라고 했다. 나를 받아들이고 타인을 있는 그대로 받아들일 수 있다면, 지금보다 더 행복한 세상을 만들 수 있지 않을까.

심리학+

#경향성

사상이나 행동 또는 어떤 현상 따위가 일정한 방향으로 기울어지는 성향으로, 심리학에서는 사람들의 타고난 성향을 이르는 말. 주로 유형을 구분할 때 많이 사용한다. 반면에 철학자 칸트는 사람의 욕구를 '경향성'이라는 말로 표현한다. '경향성'의 유혹은 개인이 욕망을 따라 타율적으로 살 것인가를 의미하고, 반대로 의무를 행하는 것이 '경향성'에 저항해 이성이 지시하는 길을 따르는 것으로 보았다.

내향적인 사람이
사회생활을 하는 방법

분석 심리학자 칼 융은 에너지 분출 방식에 따라 성격을 외향형과 내향형으로 분류했다. 외향형은 에너지를 밖으로 분출하길 좋아해 다른 사람이나 외부 세계에 관심과 흥미가 높고 활동적이며 사교적인 성격 유형이다. 반면에 내향형은 에너지를 자기 내부 세계로 비축하는 유형으로, 자신이나 인간 내면에 깊은 관심을 가지며 외부 세계나 다른 사람과의 활동에 있어서 감정 표현을 잘 드러내지 않는 성격 유형을 말한다.

그런데 영어 사전을 보면 외향형보다 내향형에 대한 부정적 표현이 더 많다. 왜 그럴까? 먼저 외향형을 표현하는

'extrovert'를 뜻하는 영어 단어를 사전에서 찾아보자. '과시하다'는 단어가 다소 부정적으로 보이긴 하지만 대체로 긍정적인 의미가 많다.

- 외향형(extrovert)

  [outgoing person] 활동적인 사람

  [gregarious] 사교적인 사람

  [exhibitionist] 자신을 과시하는 사람

  [mixer] 잘 어울리는 사람

  [life of the party] 파티를 이끄는 사람

  [socializer] 사회적인 사람

이번에는 외향형의 반대라고 볼 수 있는 내향형을 표현하는 'introvert'라는 영어 단어를 살펴보자. 대략 아래와 같은 의미가 많다. 외향형과 달리 '자신을 성찰하는 사람'이라는 긍정적 표현 이외 대부분이 부정적인 표현에 가깝다.

- 내향형(introvert)

  [shy person] 수줍은 사람

  [autist] 자폐성을 가진 사람

[solitary loner] 혼자 있기를 좋아하는 사람

[lone wolf] 외로운 늑대

[self-observer] 자신을 성찰하는 사람

[egoist, egotist] 자기 중심주의자

[narcissist] 자기 도취자

왜 이렇게 내향형을 표현하는 단어에는 부정적인 뜻이 많을까? 그건 서양인의 시각에서 바라보고 기술했기 때문일 가능성이 크다. 서양인들은 대개 70~80퍼센트가 외향형이라고 추정된다. 그러니 소수로 추정되는 내향형에 대해 부정적인 표현이 많은 것이다.

반대로 동양을 보면 어떨까. 우리나라나 일본의 경우에는 내향형이 70~80퍼센트 정도로 추정된다. 물론 납득하기 어렵다는 사람도 있을 수 있다. 검사 결과를 살펴봐도 55퍼센트 정도만 내향적으로 나타나기 때문이다.

하지만 여기에는 외향인인 척하거나 또는 외향인으로 착각하며 살아가는 사람들도 제법 있다. 우리 사회에서도 외향적 행동에 대해 가정이나 학교, 사회에서 보상을 해주기 때문이다. 이 때문에 일부 내향인이 외향인처럼 생각하거나 활동하는 경우가 많다는 현실을 감안해야 한다.

서로를 이해하지 못하는 외향형과 내향형

사실 우리나라의 전통을 살펴보면 오히려 외향형에 대한 핍박이 많았다. 내향형이 다수인 동양에서는 아무래도 외향적 행동을 하는 사람이 낯설고 이상하고 경박한 사람으로 보이는 것도 당연하리라.

서양인도 마찬가지다. 사람들은 다수가 옳다고 느끼는 것을 옳다고 느끼는 경향이 있다. 따라서 서양에서는 외향형이 다수이기 때문에 조용한 내향형을 이상하다고 느끼는 것이다. 반대로 동양에서는 내향형이 더 많기 때문에 활동적인 외향형을 이상하다고 느껴 왔다.

그러나 산업 패러다임이 바뀌면서 그러한 생각조차 뒤바뀌었다. 아무래도 과거와 달리 서구 중심의 교육이나 정서, 기업 문화, 사회 문화로 바뀌었기 때문이리라. 그러다 보니 내향형에 대한 배려나 보상이 부족한 것이 현실이다.

그 때문에 많은 청년들이 어려움을 겪는다. 내 상담의 가장 많은 주제 중에 하나가 이 내향적인 성격에서 비롯된다. 내향적 성격으로 인해 소극적이고, 대인 관계에 어려움을 겪는다. 그로 인해 친구들과의 관계가 어렵고, 가족들과도 소통이 잘 안 되며, 아르바이트나 대외 활동, 취업 전선에서 어려움을 겪고 있어 걱정이라는 호소가 많다. 진로조차도 자신이 진정 하고 싶은 일보다 성격에 맞춰 직업을 선택하려는 경향이 많다.

문제는 기업들도 외향적이고 활동적인 사람들을 선호하는 반면, 내향적이고 소극적인 사람을 회피하는 것이다. 과거 고도 성장기에는 일단 취업을 하고 사람들과 어울리다 보면 자연스레 내향적인 성격도 문제될 게 없었다. 그런데 저성장기에 접어들자 내향형의 성격은 사회생활을 시작하기도 전에 걸러지게 된 것이다. 유독 한국과 일본에 '히키코모리(은둔형 외톨이)'가 많은 것도 그런 유전적 요인에서 비롯된다.

틀림이 아닌 다름

타고난 성격 그 자체에 좋고 나쁨은 없다. 그 나름대로 장단점을 다 내포하고 있다. 외향형의 성격이 긍정적으로 표출되면 사교적이고 정열적이며 매력적이고, 활발하다. 그러나 부정적으로 드러나면 목소리가 크고 타인의 영역을 쉽게 침범하고 허풍이 심하고 산만하다.

내향형도 긍정적으로 성격이 표출되면 사려 깊고 평온하며 생각의 깊이가 있고 집중력이 좋다. 그러나 부정적으로 표출되면 소극적이고 사람들과 서먹서먹하고 회피하길 원하며 자기 억제가 심하다.

우리 사회가 내향형에 불리하게 돌아가는 것도 사실이지만, 외향형에 대한 핍박도 여전히 있는 편이다. 아무래도 외향성이 강한 사람은 돋보이기 마련이라 주변 사람들로부터 압박이 가해지는 경우가 많다. 스스로도 넘치는 에너지를 줄여야 하다 보니 곤란하기도 하고, 에너지를 마구 쓰다 보면 산만해서 집중하는 데 어려움을 겪기도 한다.

하지만 주의력 결핍 장애로까지 보일 정도의 강한 외향형조차 자신이 좋아하는 일에 몰입할 때는 뛰어난 집중력을 보이므로, 외향적인 성격을 어떻게 장점으로 활용할지 고민해 보는 것이 좋다.

외향적인 성격은 기본적으로는 활동성이 높은 직업이 좋다. 자신의 에너지를 마음껏 표출할 수 있는 일이나 사람들에게 주목을 받을 수 있는 직업이 좋다. 다양한 사람들과 접촉하고 상호 작용을 할 수 있는 환경이나 자신의 의견을 적극적으로 표현을 할 수 있는 작업 환경을 선호하며, 실제로 그런 환경에서 만족할 가능성이 높다.

반대로 은둔형 외톨이처럼 보일 정도로 강한 내향적인 성격은 가진 사람은 어떨까. 학교생활에서는 늘 같은 지역에서 같은 또래 집단들과 어울리기에 그럭저럭 지낼 만하다. 하지만 사회생활에서는 면접장에서부터 번번이 탈락하며 어려움을 겪는 경우가 많다. 아무래도 내향형은 조용하게 자신의 업무에 집중할 수 있는 직업을 선택하거나 그런 작업 환경이 좋다. 개인적 공간이 허용되는 곳이라든지, 소수의 사람들과 어울리는 환경이라든지, 스스로 자율적으로 처리할 수 있다든지, 어느 분야에서든 집중력을 발휘해서 완성시킬 수 있는 작업 환경을 선호한다고 볼 수 있다.

실제로 내향적 성격을 극복하고 취업에 성공한 사람도 많고, 톱 세일즈맨이 된 사람도 있으며, 성공한 기업가도 있다. 대개 그들의 공통점은 내향을 단점으로만 바라보지 않고, 오히려 장점에 초점을 맞췄다. 다른 사람들을 더 배려하고, 한 분야의 전문성을 기르기 위해 더 고민하고 사색하며 노력해왔다는 것이다.

자신이 어떤 성격이든 타고난 성격을 버리려 한다면 장점도 사라질 수 있다. 특히 내향형의 경우에는 성격적으로 어려움이 많은 이유 중에 하나가 대인 관계와 소극성 때문이다. 처음에 사회생활을 시작하기 위한 진입 장벽이 높은 만큼 한 분야의 전문성을 키울 필요가 있다. 그러면 비교적 문제를 쉽게 극복할 수 있다. 더불어 운동을 병행하는 것이 좋다. 아무래도 내향인이 정신 에너지를 많이 쓰는 만큼 그 부분을 보완할 수 있는 육체 에너지가 필요하다.

어느 성격이 더 좋고 더 나쁜 것이 아니다. 자신의 성격을 얼마나 정확히 이해해서 그 부분을 어떻게 보완하고 활용하는지가 더 중요하다. 외향적이면 외향적인 대로, 내향적이면 내향적인 대로, 대범하면 대범한 대로, 소심하면 소심한 대로, 다 장단점이 있다. 중요한 것은 스스로 올바른 마음가짐에 따라 행동하는 것이다.

심리학+

#히키코모리

사회생활을 거부하거나 적응하지 못하고 장기간 집안에만 틀어박혀 살아가는 사람이나 그런 상태를 일컫는 말. 한국에서는 '은둔형 외톨이'라고 불린다. 처음에 일본에서 청년 세대를 중심으로 일어났으나 40~50대의 중장년까지도 그런 생활이 지속돼 사회적 논란이 됐다. 디지털의 발달로 한국에서도 이런 유형의 사람들이 늘어나는 추세라 대책 마련이 필요하다.

누구나 성격 좋은 사람이
될 수 있다

성격을 알아보는 검사 도구 중에는 MBTI 외에도 애니어그램이나 DISC 행동 유형 검사, LCSI 검사 같은 다양한 것들이 있다. 이 외에도 인성 검사로 많이 활용되는 다면 인성 검사(MMPI), 주제 통각 검사(TAT), DNA와 지문을 활용한 특성 검사 도구 등이 있다.

그렇다면 정말로 이런 심리 검사 도구들을 사용하면 정확한 성격 분석이 가능한가? 성격은 타고나는 것인가? 그렇다면 불변하는 것인가? 성격이 내게 미치는 영향은 무엇인가? 건강한 성격이란 무엇인가? 성격을 바르게 개발하는 것이 가능한가? 인격과 성격은 어떤 차이가 있는가? 성격은 유전적 영향이 큰가, 후천적 영향이 큰가? 올바른 성격 유형이란 무엇인가?

여전히 의문점이 남는 부분도 있을 것이다. 일단 이런 의문들은 장기적 과제물로 남겨두고 건강한 성격에 대해서 알아보자.

성격이 성숙해지는 과정

많은 심리학자들이 성격에서 유전적 요인을 내세운다. 하지만 후천적 요인을 중시하는 학자들도 많다. 듀에인 슐츠의 『성장심리학』은 건강한 성격의 모형을 탐험한다.

올포트의 모형에서는 '성숙한 사람'을, 로저스의 모형에서는 '충분히 기능을 발휘하는 사람'을, 프롬의 모형에서는 '생산적인 사람'을, 욕구 5단계설을 주장한 매슬로의 모형에서는 '자아를 실현하는 사람'을 통해 건강한 성격을 찾고자 했다.

또한 융의 모형에서는 '존재의 개별화를 이룬 사람'을, 빅터 프랭클의 모형에서는 '자아를 초월한 사람'을, 펄스의 모형에서는 '여기 그리고 지금의 사람'을 건강한 성격 모델로 제시한다.

건강한 사람을 위주로 연구를 진행했던 올포트의 경우, 성격의 본질은 변하지 않는다고 주장한 일부 심리학자나 검사 개발자들과는 달리 성격도 발달하고 변화된다고 주장했다. 그는 건강한 성격과 건강하지 못한 성격을 구분했는데, 올포트가 정의한 성숙한 성격은 언뜻 평이해 보이지만 어쩌면 그래서 더 가슴에 와 닿는다. 올포트가 밝힌 성숙한 성격의 일곱 가지 기준을 살펴보자.

1. 자아감의 확장

인간은 자아가 발달하면서 사람과 사물에 대한 이해 폭이 넓어진다. 어린 시절의 자아는 오직 자기 자신밖에 모르는 존재다. 그러다가 아이는 여러 경험을 거쳐 성장하면서 타인의 존재를 알아간다. 처음에는 부모, 이어서 친구, 선생님 등으로 존재를 넓혀 나간다. 더 나아가 서서히 다른 추상적 가치와 개념까지 인식하게 된다. 이 같은 성숙은 여러 활동이나 어떤 이념에 진정으로 참여할 때 진행되며, 그러한 과정을 성실히 수행할수록 심리적으로 더 건강해진다.

2. 따뜻한 관계를 가진 자아

잘 발달된 자아를 가진 사람은 부모, 자식, 배우자 혹은 친구에게 사랑이나 친밀감을 잘 표현한다. 이들은 사랑하는 사람뿐 아니라 다른 사람들에 이르기까지, 자신의 삶만큼이나 자신과 관계를 맺고 있는 이들의 삶 역시도 소중히 여길 줄 안다.

따뜻한 사람들의 타고난 성격적 성향은 다소 다를 수 있으나 사람들과 비교적 쉽게 관계를 맺는다는 공통점도 가지고 있다. 미성숙한 사람들에 비해 너그럽고 관대하며 다양한 관점을 포용하고 관용을 베푸는 경향이 있다. 누구에게나 약점이 있다는 사실을 인정하기 때문에 자신의 약점과 나약함도 자연스럽게 받아들인다.

3. 정서적 안정감

정서적으로 안정감이 있는 사람은 쉽게 좌절하거나 포기하지 않는다. 실패해도 다시 일어선다. 어려운 상황에서도 새로운 목표에 도달할 수 있는 새로운 대안을 찾기 위해서 노력을 기울인다. 그 때문에 실패나 역경을 마주쳐도 이를 관대하게 받아들이고 역경 속에서도 배움을 구하려는 경향이 있다. 반면에, 정서적으로 안정적이지 못한 사람들은 쉽게 포기하며 힘든 일이 생기면 쉽게 일어나지 못하고 절망감에 빠져들고 만다.

4. 현실적 지각

건강한 사람은 자신을 둘러싼 세계를 객관적으로 바라본다. 반대로 신경증적인 사람은 때때로 자신의 희망과 욕구와 두려움을 해소하기 위해 현실을 왜곡해서 바라보는 경향이 있다.

현실을 객관적으로 볼 수 있는 사람은 일부 상황만을 가지고 무작정 좋다거나 나쁘다고 믿지 않는다. 반면, 미성숙한 사람들은 조금만 상황이 불리해도 현실을 부정한다. 그러다 현실 감각을 잃고 부정적이 되거나 반대로 극단적인 이상향(理想鄕)에만 매달리게 되는 경우도 있다. 겉으로는 긍정주의자여도 행동은 전혀 반대로 행하는 사람들이 그런 부류다.

5. 기술과 과제, 과업

'일과 책임감'이야말로 삶에 의미와 지속성을 제공하는 중요한 과제다. 올포트는 인생에서 수행해야 할 중요한 과업을 가지고 그 목표를 달성하기 위한 헌신과 노력을 기울이지 않고는 심리적 건강을 얻는 것은 불가능에 가까울 정도라고 하며 일의 중요성을 강조한다. 그래서 올포트는 의사 하베이 쿠싱의 말로 직업의 중요성을 강조했다.

"인간이 삶을 지속하는 유일한 방법은 완수할 과업을 가지는 것이다."

6. 자아 객관화

자아를 보다 정확히 자각하려면 '내가 생각하는 자신'과 '실제의 자신'이 어떤 면에서 같으며 어떤 면에서 어떻게 다른지를 파악하는 통찰력이 필요하다. 이 둘 사이의 간극이 좁아질수록 개인의 성숙도가 올라갈 수 있다. 건강한 사람은 자신을 객관적으로 바라보며 다른 사람의 의견도 개방적으로 받아들인다. 그러나 건강하지 못한 사람은 내면의 자신과 마주치는 것을 싫어하고 자신과 상반된 생각을 받아들이지 않으려는 폐쇄적인 경향이 있다.

7. 일관성 있는 생의 철학

건강한 성격을 가진 사람은 미래 지향적이고 긴 안목으로 장기적인 목표와 계획 속에서 삶의 동기를 찾는다. 이런 사람은 목적의식과 더불어 과업에 대한 의무감을 받아들인다. 이를 통해 그들의 성격은 일관성을 가지고 나아가게 된다.

의미 있는 목표를 끊임없이 추구하려는 태도는 무엇보다 중요하다. 미래를 향한 방향성 없이 건강한 성격을 가진다는 것은 거의 불가능하기 때문이다. 미성숙한 사람은 "나는 어쩔 수 없이 이렇게 행동하지 않으면 안 됐다"고 변명한다. 하지만 성숙한 사람은 "나는 이렇게 행동해야 했다"고 단호히 말한다.

의미 치료의 창시자 빅터 프랭클과 긍정 심리학의 창시자 마틴 셀리그만 같은 심리학자들도 인간 심연의 긍정적인 측면을 바라보고자 노력했다.

하지만 심리학자들이 뭐라고 주장하든 우리 자신은 긍정적인 자아 이미지를 구축하는 데 노력을 쏟아야 한다. 건강한 인격을 만들려면 자기 자신의 문제점을 솔직하게 받아들이고, 그런 문제점을 부단히 개선해 가면서 의미 있는 인생의 목표를 세우고, 목표 달성을 위해 꾸준하게 전진해 나아가야 한다. 어쩌면 목표 달성을 위해 묵묵하게 수행해 나아가는 과정 그 자체가 인격의 완성으로 향하는 길이 아닐까.

심리학+

#로고 테라피
정신과 의사인 빅터 프랭클에 의해 시작된 '의미 치료'를 뜻하는 말. 그는 프로이트의 쾌락론이나 아들러의 권력론에 반발하며 인간은 과거가 아니라 자신만의 의미를 찾아 미래를 지향해야 한다고 주장했다.

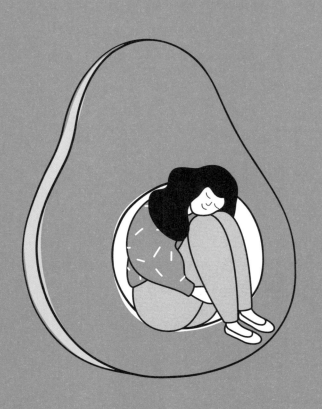

선택 심리학 :

삶의 기로에서
흔들리지 않는 법

남의 떡이
커 보이는 이유

　　　　　　"짜장면 먹을까? 짬뽕 먹을까?"

　중국 음식점에서 다들 한 번씩 하는 고민이다. 오죽하면 짜장면과 짬뽕을 한 번에 먹을 수 있는 '짬짜면'이라는 메뉴가 다 나왔을까. 나는 짜장면을 선택했는데, 막상 음식이 나오니 친구의 짬뽕이 더 맛있어 보일 때가 있다. 게다가 그날따라 짬뽕이 맛있다며 후루룩거리기라도 하면 '잘못한 선택'에 괴로움마저 느끼게 된다.

　그렇지만 막상 짬뽕을 먹어도 상황은 비슷할 수 있다. 그때는 또 짜장면이 탐날 수 있으니까. 또한 친구가 짬뽕을 유독 맛있게 먹는 건 어제 과음을 해서일 수도 있다. 아니면 오늘따라 내가 시킨 짜장면이 맛이 없어서 상대의 짬뽕이 탐나 보이는 것일 수도 있다.

물론 나처럼 짬뽕보다는 짜장면을 좋아하는 사람이라면 '뭐야, 별 고민을 다 하네'라고 말할 수도 있겠다. 그런데 과연 우리는 이런 고민을 중국 음식점에서만 하는 걸까?

현대를 살아가는 우리들은 매순간 수없이 많은 선택을 하며 살아간다. 매번 무엇을 선택해야 할지 갈등하고, 때로는 자신의 선택에 괴로워하길 반복한다. 그게 짬뽕과 짜장면을 놓고 하는 정도의 갈등이라면 문제도 아니다. 문제는 그보다 훨씬 중대한 결정을 앞에 놓고 다른 선택을 탐내게 될 때다.

이를테면, 친구와 나는 각기 서로 다른 전공을 선택했다. 그런데 오랜 시간이 지나고 보니 나와 다른 선택을 한 그 친구가 나보다 좋은 직장을 다니고, 나보다 좋은 차를 타고, 나보다 나은 배우자와 결혼하고, 나보다 좋은 집을 가지고 있다는 것을 알게 됐다.

그럴 때 느끼는 상대적 박탈감은 말할 수 없이 고통스러울 수 있다. '왜 나는 이것밖에 안 되지?' '내가 저 녀석보다 못한 게 뭐지?' '내가 학교 다닐 때 저 녀석보다 공부를 잘했는데' '저 녀석은 부모 잘 만난 것밖에 없잖아' '저 녀석은 단지 운이 좋았을 뿐이야' '어쩌다 전공하나 잘 선택한 것밖에 없잖아'

등의 무수한 상념이 떠오를 것이다.

살아가면서 우리는 이런 식의 비교를 골백번도 넘게 한다. 모든 게 피할 수 없는 운명처럼 느껴지고 곧이어 허탈함이 찾아든다.

예를 들어, 당신이 오랜만에 동창회에 나갔다고 치자. 사실 잔뜩 기대했던 진급에서 탈락해 실망한 차에 옛 친구들과 기분이나 풀려고 나간 자리였다. 그런데 그날 하필이면 학창 시절에 싫어하던 친구가 모임에 나왔다. 심지어 그 친구는 대기업 임원으로 진급했다며 한턱 쏘겠다고 한다. 친구들이 그 녀석에게 박수갈채를 보낸다.

만일 여러분이라면 그 순간 기분이 어떨 것 같은가. 나보다 못하다고 생각했던 녀석이 성공해서 외제차라도 끌고 나오면 배알이 뒤틀리기 마련이다. 자신과는 상관없는 상황임에도 분노가 끓어오르고 열등감 때문에 견딜 수 없는 치욕까지 느낀다.

대학생들도 마찬가지다. 많은 학생들이 '엄친아(엄마 친구 아들: 완벽한 조건을 갖춘 사람을 지칭하는 말. 외모도 좋고, 공부도 잘하고, 집안과 인격도 두루두루 다 좋은 사람을 뜻한다.) 신드롬'에 시달린다. 자기도 모르게 수시로 다른 사람들과 비교하니 친구도 잃고 자신감도 잃는다.

선택에 만족하는 법

그렇다면 짜장면을 선택한 뒤에는 짜장면에 만족하고, 짬뽕을 택한 뒤에는 짬뽕에 만족하는 방법은 없는 걸까? 물론 있다. 상대의 상황이나 말에 쓸데없는 감정이나 의미를 부여하지 않으면 된다. 자신의 처지를 비관적으로 느끼는 순간 오히려 그것이 더 큰 화를 부를 수 있다.

나보다 앞서가는 사람들이 있다면 배 아파하지 말고 그냥 보내자. 조금 늦더라도 한 걸음씩 꾸준히 가면 언젠가는 따라잡을 수 있다고 생각하라. 만화가 이현세 씨도 그러지 않았던가. 천재를 따라가지 못했다고. 그들을 붙잡으려 하지 말라고. 그들을 놓아두면 그들은 언젠가 신(神)의 벽에 마주치며 절망하기 마련이라고. 사람은 오로지 자신이 가야할 길을 묵묵히 걸어나가는 것이 중요하다. 그렇게 나아가다 보면 언젠가는 나무 밑에서 잠자는 재능 있는 토끼를 앞지를 날이 올 것이다.

물론 20대의 관점에서 토끼와 거북이는 완벽한 거짓 동화로 느껴질지 모른다. 단거리 경주에서 토끼가 진다는 건 있을 수 없는 일처럼 보인다. 그러나 인생은 마라톤이다. 다만, 42.195킬로미터가 아니라 42억 195킬로미터가 넘는 초장거리 마라톤이다. 그 안에는 수많은 역전과 추월이 존재한다. 남들과 비교하느라 시간을 낭비하지 말자. 최고의 것, 남의 것만 부러워하지 말고 차선의 것, 내가 가진 것에 만족하는 방법을 배우자.

심리학+

#확증 편향

자신의 신념이나 기대, 가치관, 사고방식과 일치하는 정보는 쉽게 수용하고, 신념과 일치하지 않는 정보는 아무리 객관적이고 올바른 정보라도 무시하거나 거부하려는 심리적 편향성. 검색 엔진은 사람들의 이런 성향을 파악하고 각 개인의 성향별로 자신이 기대하는 정보를 먼저 배치하도록 설계되는 경우가 많다.

누구나 공부는 하기 싫다

학생들은 왜 공부에 흥미를 느끼지 못하는 것일까. 사실 수능 만점인 학생이 아니라면 공부를 재미있다고 말하는 학생은 찾아보기 힘들다. 왜 그럴까. 일단 말 그대로 재미가 없기 때문이리라. 엄밀히 말해 재미가 없는 것은 아니지만, 재미를 들이기까지 시간이 걸리기 때문에 만족감이 떨어지는 경우가 많다. 주변에 놀 거리, 볼거리가 많은데 공부를 하려면 정해진 틀에 얽매여야 하니 재미를 느끼지 못하는 점도 있으리라. 아무래도 학교라는 틀 안의 환경 속에서 매번 평가받아야 하는 시험에 질려버린 경우도 많을 것이다.

대부분의 청소년들은 대학만 들어가면 시험에서 자유로워

질 것이라 믿는다. 하지만 막상 대학에 들어가 보면 그게 얼마나 허무한 착각이었는지를 알게 된다. 현실은 그렇게 녹록치 않다. 어쩌면 고등학교보다 훨씬 더 많은 시험이 존재한다. 게다가 시험 방식이 고등학교 때와는 사뭇 다르다. 가볍게 보는 쪽지 시험에서부터 과제물에 이르기까지 시험 방식도 다양해서 결코 가볍게 볼 수 없다.

학점 때문에 더더욱 쉽게 보기 어렵다. 학점은 장학금에 영향을 주기도 하지만, 향후 취업에서도 중요한 역할을 하고 있다는 점 때문에 대학생에게는 무척 민감한 부분이다. 그렇게 학점은 학교 내 평판은 물론이고 전공 선택, 복수 전공 선택, 전과, 기숙사 생활, 편입 등의 모든 학교생활에 지속적으로 영향을 끼친다. 학교를 벗어나 사회에서나 심지어 가정에서까지 여러모로 자신을 평가하는 중요한 잣대로 사용된다. 그러니 학생으로서 학점을 무시하고 자신이 하고 싶은 것에만 매달리기도 어렵다.

하지만 학점과 성적 위주의 사고방식에는 몇 가지 문제가 있다. 학점에만 매달리느라 정작 자신이 무엇 때문에 공부하는지, 무엇을 추구하고자 하는 것인지 잊어버릴 수 있다. 또 나중에는 각종 과제와 시험에 질려 공부라는 것 자체에 형식적으로 임하게 되는 잘못을 범할 수도 있다. 그러다 보니 학교

우등생이 사회로 나와서는 열등생이 되는 경우가 종종 있다. 학교 다닐 때 지겨울 정도로 공부했으니 이제는 공부하지 않 겠다는 심보 때문에 뒤처지는 경우가 그렇다.

나 역시 시험 보는 것을 싫어했다. 특히 시험 공부를 싫어했 다. '어차피 금방 잊어버릴 걸 왜 달달 외워야 하는 거지?'라 며 시험에 의문을 품곤 했다. 실제로도 학창 시절을 떠올리 면 공부했던 내용보다는 선생님이나 친구들과의 추억이 훨 씬 더 선명하게 떠오른다. 나와 같은 경험을 한 사람이 많은 탓인지 공부보다 친구 간의 관계가 더 기억난다고 말하는 이 들이 많다.

지혜를 얻는 정도(正道)

우리는 '왜 굳이 학교에 가야 하는 걸까? 도대체 왜 배우고 익혀야 할까?' 이 질문에 일본의 수학자 히로나카 헤이스케는 한마디로 명쾌하게 답변한다. "지혜를 얻기 위해서"라고.

사실 대부분의 사람들은 학교에서 아무리 많은 지식을 습 득했다고 해도 시간이 흐르면 습득한 지식의 대부분을 잊어 버리기 마련이다. 말 그대로 지식이나 정보만 쌓자고 다니기 위한 학교라면, 고작 그거 얻으려고 그렇게 공부할 필요가 있나 하는 회의감이 들 수 있다. 하지만 공부는 새로운 정보를 습득하는 것만으로 끝나는 게 아니다. 공부는 배워가는 과정에서 지식뿐만 아니라 지혜까지 얻는 작업이다.

헤이스케는 이에 대해, 지혜가 생겨나는 공부는 설사 배운 지식을 잊어버려도 그 가치가 남는다고 말한다. 그는 "학문은 즐거운 것, 기쁨을 맛보는 것"이라고 말했다. 학문에는 배우는 일, 생각하는 일, 창조하는 일, 이 모든 즐거움과 기쁨이 있다는 것이다.

공부를 통해 지혜를 얻는 것도 즐겁지만, 어려운 일에 부딪혔을 때 배움을 통해 문제의 해답을 찾아나가는 과정도 즐겁다. 새로운 것을 창조하는 일 역시 늘 흥미롭다. 창조는 꼭 예술가나 과학자만 하는 것이 아니기 때문이다.

창조라는 개념을 살펴보면 '일상 속에서 자기 내면에 잠재돼 있는 재능이나 자질을 찾아내는 기쁨' '자신에 대해 보다 깊이 있게 이해하고 성장해 가는 것' '새로운 사실을 깨닫게 되는 기쁨' '세상에 대한 통찰력을 가지는 것' 등의 다양한 의미가 내포돼 있다. 이 모두가 바로 배움이 주는 즐거움이다. 배움에 통달한 석학들이 식욕이나 성욕보다 더 즐거운 게 공부라고 말하는 것도 그런 이유다.

즐거움과 괴로움, 선택할 수 있다

공부에서 재미를 느낀다는 건, 사실 여간 어려운 일이 아니다. 공부는 일단 즉각적인 재미가 없다. 자극적이기 않기 때문이다. 그러다 보니 꾸준히 오랫동안 지속하기가 쉽지 않다. 10년을 해도 모자란 게 공부다 보니 결과나 재미하고는 거리가 있어 보인다. 공부가 재미있다고 하면 다들 이상하게 보며 별종으로까지 여긴다. 이에 반해 게임은 어떤가. 쉽고 재미있고 결과도 즉각적이다. 처음 접해도 쉽게 익힐 수 있기 때문에 금방 빠져들 수 있다.

하지만 진정한 성인이 되려면 타율적 학습이 아니라 자율적 학습을 해나갈 수 있어야 한다. 그러기 위해서 자기 성장에 초점을 맞춰야 한다. 성적보다는 근본적인 성장에 초점을 맞춰 공부한다면 진정한 학문의 세계로 접어들 수 있다.

물론 '학문의 세계로 걸어간다'고 하면 거창하게 들릴 수도 있겠지만, 쉽게 생각해 '꾸준히 배우고 익힌다'는 뜻으로 보면 된다. 학문이라는 것도 사실 그 내용이나 방법 면에서는 어린 시절의 공부와 큰 차이가 없다. 다만, 성인의 공부는 누가 시켜서가 아니라 스스로 계획을 짜고 주제를 정하고 공부해야 한다는 면에서 학교 공부와 다르다. 시험도 없고, 정답도 없고, 정해진 주제도 없다. 스스로 주도적으로 정해야 하니 오히려 공부를 놓아버리는 어른들도 많다.

어떤 문제든 더 깊이 생각하고 스스로 문제를 해결해 나가려는 자세, 자신을 조금 더 성장시켜 나가려는 다짐, 책과 삶에서 해답을 찾기 위해 노력하는 태도, 사람의 내면을 조금 더 깊이 있게 들여다보는 마음, 사물과 현상에 대해서 진지하게 생각하는 사색의 깊이. 결국 더 나아지려고 노력하는 모든 행동, 두려워하지 않고 다양한 경험을 쌓으려는 도전 정신, 이런 모든 노력이 배움의 길이 아닐까.

심리학+

#마시멜로 효과

4~5살의 유아들을 대상으로 눈앞에 둔 마시멜로를 먹지 않고 얼마나 참는지 알아보는 인내력 시험에서 잘 참은 아이일수록 성공한다는 연구 결과. 그러나 이 실험 결과에 반발하는 사람들이 많았다. 그들은 연구자의 신뢰성, 참을 수 있는 조건 형성 여부 등을 이유로, 실험 결과를 무조건적으로 맹신할 것이 아니라 통계적으로 유의한 정도의 경향성을 보여주는 것일 뿐이라고 주장했다.

착한 사람이
손해 본다는 착각

어느 날, 부모가 된 여러분에게 아이가 100점 맞은 시험지를 가져와서 말한다. "엄마, 거의 아는 문제였는데, 헷갈려서 선생님 몰래 살짝 교과서를 봤어요."라고.

이때 여러분이라면 어떻게 하겠는가? EBS〈아이의 사생활〉이라는 프로그램에서 대학생들을 대상으로 비슷한 실험을 하나 진행했다. 방송 참여 며칠 전, 작가가 참가자들에게 전화를 걸어 이렇게 말했다.

"실험 때 뵙겠습니다. 참, 이번 실험의 사례비는 10만 원입니다."

실험 당일, 방송국 직원이 나타나서는 짐짓 모른 척 "사례비

15만 원 맞으시죠?"라고 말하면서 15만 원이 든 봉투를 건넨다. 이럴 때 여러분이라면 어떻게 하겠는가?

놀랍게도 대부분의 실험 참가자들이 군말 없이 15만 원을 받았다. 그걸 보면서 저 순간에 '과연 정직하게 10만 원만 받을 사람이 몇이나 될까' 하는 생각도 들었다.

이 프로그램은 '모든 도덕적 행동에는 용기가 필요하다'고 주장한다. 도덕성은 정치인이나 사회 리더에게만 필요한 것이 아니라, 평범한 사람들에게도 마찬가지로 필요하다는 것이다. 서울대 문용린 교수는 "도덕은 연습"이라고 말했다. 사람들의 가장 큰 착각 중에 하나가 '착하면 손해 본다'는 생각이라고 지적한다. 그의 말에 의하면, 도덕적 행동은 대단히 복합적이고 고도의 심리적 판단 결과다. 그만큼 합리적인 결과임에도 이런 부분을 사람들이 쉬이 간과한다는 것이다.

도덕성을 시험하는 선택들

기존에는 도덕성을 크게 '정서'와 '인지'적 측면으로만 나눴다. 그런데 이에 대해 서울대 곽금주 교수는 여기에는 "행동이라는 또 하나의 중요 요소가 결여돼 있다"고 설명한다. 또한 이 세 요소의 삼위일체 균형이 한 사람의 도덕성과 인생관을 결정한다고 강조한다.

방송에서 진행한 실험도 이 사실을 잘 보여 준다. 제작진은 아이들의 정직성 실험에 열두 명의 어린이들을 참여시켰다. 이 실험은 눈을 가린 채 표적물을 맞히는 게임 형태로 진행됐다. 여섯 명의 아이들은 도덕성 지수가 높은 아이들이고 나머지 여섯 명의 학생들은 평균적인 수준의 도덕성을 가진 아이들이었다.

이 실험을 진행하기 전에 제작진은 한 가지 조건을 내걸었다. 과녁을 많이 맞히는 숫자만큼 선물을 제공하겠다고 한 것이다. 결과는 어떻게 됐을까? 도덕성 지수가 높은 아이들은 눈가리개를 걷지 않고 표적물을 향해 다트를 던진 반면, 평균치 아이들은 남몰래 반칙을 하면서 표적물을 맞췄다.

비단 이 아이들만 그럴까? 이들보다 성숙하다는 성인이라면 눈앞의 유혹과 충동을 참아낼 수 있을까? 어른들이라면 당장의 만족을 지연시킬 수 있을 만한 자제력을 발휘할 수 있을까?

실험 뒤에 나온 분석 결과는 흥미로웠다. 정직하게 모든 실험에 응했던 아이들을 살펴보니 대부분 집중력이 높고 또래 관계도 좋았다. 반면, 부정행위를 했던 아이들은 문제 행동 경향과 공격성이 높은 것으로 밝혀졌다. 나아가 도덕성 지수가 높은 아이들은 수능 점수와 사회생활 면에서 더 큰 성취를 이루거나 시험 등의 결과와 상관없이 행복함을 느끼는 것으로 나타났다. 결국 '착하면 손해 본다'는 통념은 잘못된 고정관념이었던 셈이다. 곽금주 교수 또한 이 실험과 관련해 "도덕적이면 오히려 경쟁력이 높아진다"고 주장했다.

이어서 4장에서 설명한 밀그램의 실험을 응용한 또 하나의 실험이 진행됐다. 유치원 아이들에게 선생님이 사진 한 장을 찢어달라고 요구한다. 그러면서 '이 사진은 선생님이 가장 아끼는 한 장밖에 없는 사진'이라고 설명한다. 그런데도 대부분의 아이들은 주저 없이 사진을 찢는다. 선생님의 권위와 명령에 아무런 저항 없이 복종한 것이다. 물론 "소중한 걸 왜 찢어요?"라며 거부한 아이들도 있었다.

사실 도덕성을 지키는 일은 한 개인의 신념만으로는 어렵다. 그러나 인간의 역사는 결국 이 사회의 양심을 지켜나가려고 노력한 소수의 사람들에 의해 발전한 것이 아니겠는가.

이런 실험들이 밝히고자 했던 결과는 참가자들 개개인이 정직한지 아닌지에 대한 결론이 아니었다. 주목해야 할 부분은 다른 데 있었다. 도덕성이 높은 아이들은 '삶의 만족도가 높고, 지능도 높고, 인생을 바라보는 낙관적인 태도 경향이 강하고, 문제 해결에 대한 믿음도 더 큰 것으로 나타났다'는 점이다. 결국 연구진은 아이들에게 어려움과 좌절을 극복할 힘을 주려면 '아이들의 도덕성을 높여야 한다'는 결론을 내렸다.

예를 들어, 네 살 정도의 아이들은 자기 중심으로 세상을 바라본다. 그러면서 타인도 자신과 같은 구도로 세상을 바라볼 것이라고 믿는다. 그러다가 일곱 살가량이 되면 '사회적 거짓말'을 배우기 시작한다. 의도보다는 결과를 중요시하고, 비록 완전히 만족스럽진 않아도 다른 사람을 배려하며 말하기 시작한다.

어릴수록 사고가 유연하다 보니 어린아이들은 본대로 따라 한다. 텔레비전을 보든 부모를 보든 마찬가지다. 영화나 게임을 보고 공격적이거나 감성적이거나 무관심한 성향을 따라하는 아이들이 그 증거다. 부모와 관련해서도 마찬가지다. 부모는 아이의 거울이다. 부모가 도덕적인 행동을 하면 아이도 도덕성이 고양될 수밖에 없다.

어떻게 가치 있는 삶을 살 것인가

이 실험들에는 또 하나의 중요한 숨겨진 사실이 있다. 매 실험마다 권위에 도전하고 부당한 요구를 거부한 피실험자들이 나왔다는 점이다. 나아가 잘못된 결정을 한 사람들조차도 실험이 끝나고 나서는 부끄러움을 느꼈다. 즉, 부끄러움을 느끼는 양심이 있는 이상 인간은 잘못된 부분을 바로잡을 희망과 가능성을 가진 존재인 셈이다. 바로 여기에 이 실험의 진정한 시사점이 있다.

문용린 교수는 "인생의 마무리는 도덕성이 결정한다"고 말한다. 얼마나 돈을 많이 벌고 얼마나 큰 성취를 했느냐가 아닌 '얼마나 가치 있고 올바른 삶을 살았느냐'가 우리의 행복을 결정한다는 것이다.

도덕성은 우리 모두의 몫이다. 정치인, 부유층, 사회 지도자층은 물론이거니와 평범한 한 개인도 개인적, 사회적 도덕성을 가져야만 온전한 행복에 이를 수 있다. 즉, 남을 위해서가 아니라 자신의 행복을 위해서라도 도덕성을 지켜야 한다. 그리고 이 사회의 도덕성에 새 피를 수혈할 수 있는 사람들이 바로 우리 청년들이다.

물론 우리가 완벽한 존재가 되는 것은 어려울 수 있다. 하지만 한 개인 개인이 도덕적으로 행동하기 위해 노력하고 인격적 성숙을 향해 나아간다면, 분명 우리 사회는 보다 건강한 사회로 도약해나갈 수 있지 않겠는가.

심리학+

#착한 아이 콤플렉스

사람들로부터 착한 아이라는 소리를 듣기 위해 내면의 욕구나 소망을 억압하는 말과 행동을 반복하는 심리적 콤플렉스. 버림받을지도 모른다는 유기 공포를 자극하는 환경에 적응하기 위해, 타고난 본능인 의존 욕구를 거부하고 충동을 억압하는 방어 기제로 발생한다. 이런 심리를 바르게 해결하지 못하고 성장한 어른들은 '착한 여자 콤플렉스, 착한 남자 콤플렉스'로 이어지게 된다.

돈을 쓰는 데도
준비 운동이 필요하다

요즘 대학생들은 한 달에 용돈을 얼마나 쓸까? 8만 원을 쓰는 짠돌이부터 100만 원대의 귀족층까지 매우 다양하다. 자신이 모두 벌어서 용돈을 쓰는 학생들도 있지만, 부모에게 용돈을 받아 쓰는 경우도 많다. 그런데 성인이 돼서도 돈 개념 없는 사람들이 의외로 많다. 용돈을 받아 쓰는 학생들이나 경제관념이 없는 사회 초년생들을 위해 한 대학생의 돈 고민을 공유해본다.

"저는 올해 대학생이 된 신입생이에요. 제가 돈을 좀 헤프게 쓰는 편이거든요. 그런데 지금은 학교 기숙사 생활을 해서 엄마가 매달

통장으로 돈을 부쳐주세요. 돈이 필요할 때 전화만 하면 되니까 용돈 걱정을 해본 적이 별로 없어요. 엄마는 오히려 객지에서 밥이라도 제대로 챙겨 먹지 못할까 늘 걱정하세요.

급기야 지난 여름 방학 때는 신용 카드까지 주셨어요. 그런데 문제는 카드를 사용하다 보니 돈을 더 많이 쓰게 된다는 점이에요. 여기저기 흥청망청하느라 지난 달에는 카드 값만 120만 원이 나왔어요. 집이 가난하진 않지만 그렇다고 넉넉한 편도 아니라서 부모님께 죄송스럽고 반성도 많이 했어요. 그런데 아직도 절제가 잘 안 돼요. 친구들을 만나면 늘 "내가 쏠게"라고 하는 편이에요. 돈을 아껴보려고 용돈 기입장도 써봤지만 이내 관뒀고요. 앞으로 어떻게 하면 좋을지 고민이에요."

이 학생은 자신이 버는 돈은 0원인데, 용돈 40만 원에 카드 값 120만 원까지 한 달에 160만 원을 쓴 셈이다. 어떻게 하면 좋을까? 당시 집단 상담에 참여한 청년들은 다음과 같은 답변을 내놓았다. 그녀의 또래들은 과연 어떤 답변을 줬을까?

"진작 친하게 지낼 걸 그랬다. 농담이다. 당장 카드부터 부모님에게 반납했으면 한다. 선배들을 적절히 이용해서 얻어먹는 요령도 익힐 필요가 있지 않을까."

"매일 용돈을 쪼개 쓰는 처지라 그런 이야기를 들으면 허탈하다. 당연히 아껴 쓰는 게 먼저다. 돈 만 원으로 악착같이 일주일만 살아봐라. 피눈물 흘려 보면 자연스레 줄이게 된다. 혼자 하기 어려우면 친구들에게 알리고 함께 시도해 보는 것도 좋을 것 같다. 일단 술자리부터 줄여라. 무엇보다 직접 돈을 벌어보는 것이 좋겠다. 그러면 돈 쓸 때마다 힘들었던 기억들을 떠올릴 수 있지 않을까."

"솔직히 지금 나도 돈 관리가 어렵다. 굉장한 자제력이 필요할 듯하다. 밖으로만 나가면 '이걸 살까 말까'로 늘 고민한다. 돈 쓰고도 후회할 때가 많다. 돈은 의미 있게 쓰는 게 중요한 것 같다. 정해진 한도 내에서 쓰는 것이 좋겠다."

"용돈을 잘 쓰려면 대학교 1학년 때부터 꼼꼼하게 써야 한다고 생각한다. 일단 한 달 용돈을 얼마라고 정하고 그 범위 내에서 제한적으로 사용할 필요가 있다. 정해진 돈 외에는 절대 부모님이나 주변 사람들에게 손 벌리지 않는 태도가 중요하다."

당시 학생들의 이야기를 들으면서 한 가지 느낀 점이 있었다. 돈을 펑펑 쓰는 학생들의 경우, 기본적으로 절제력이 부족하다. 하지만 조금 더 깊이 들여다보면 대부분 그런 절제 부족을 만들어 내는 한 가지 매커니즘이 존재한다. 바로 정해진 용돈 기준이 없다는 점이었다. 충동적으로 돈을 쓰는 학생들 대부분은 필요할 때마다 부모에게 용돈을 타서 쓰고 있었다.

매번 그렇게 용돈을 타는 것도 민망한 일 아니던가. 매번 용돈을 타서 쓰는 학생이라면 부모에게 한 달간의 적정 용돈을 요구해 보는 것은 어떨까? 부모님이 그러길 원치 않는다면 초등학생처럼 필요할 때마다 돈을 받아서 쓰는 것은 다 큰 성인으로서 배워야 할 경제적 관념을 잃어버릴 수 있다며 합리적으로 설득해야 한다.

주변을 둘러보면 알겠지만 이렇게 용돈을 펑펑 쓰는 학생들은 소수다. 대다수 학생들은 적은 용돈으로 근근이 생활하고 있다. 그나마도 받지 못하거나 스스로 용돈을 충당하는 경우도 많다. 나아가 학비까지 스스로 마련하는 청년들도 있다는 점을 명심해야 한다.

돈을 왜 벌고 싶은지 먼저 생각하라

너무 이른 나이에 지나친 돈 욕심에 사로잡히는 것은 문제다. 그럴 경우 자칫 잘못하면 주식, 도박, 다단계, 사기 등에 빠겨들어 집안 재산까지 거덜 낼 수도 있다. 실제로도 그런 사례가 제법 있다. 그래서 돈은 신기한 것이다. 쫓아가면 쉬이 들어오지 않는다. 설령 들어왔다 해도 쉽게 들어온 돈은 곧 쉬이 나가기 마련이다.

대학생에게 돈이 넉넉하지 못한 것은 어찌 보면 당연하다. 그런데 대학교 2~3학년임에도 불구하고 2,000~3,000만 원이라는 큰돈을 모은 친구들도 있다. 부류는 크게 두 가지였다. 한 부류는 알뜰하게 아껴서 모으는 부류였고, 한 부류는 돈을 불리는 부류였다. 일단 알뜰하게 모으는 부류의 학생들은 용돈이든 무엇이든 들어온 돈의 상당 부분을 저축한다. 그런 다음에 나머지 돈만을 가지고 한 달 생활을 한다. 그렇게 꾸준하게 모으다 보니 큰돈이 된 것이다.

또 다른 부류의 학생들은 돈 버는 일을 하는데, 아르바이트를 해도 영업직이나 판매직 등을 하는 경우가 많았다. 대개 인센티브 보수가 있는 일들이었다. 경우에 따라 프리랜서로 일을 하거나 서비스직을 하거나 창업을 해서 큰돈을 버는 경우도 종종 있다. 투자를 하는 경우도 있는데, 군대 가 있는 동안 적립식 펀드에 분산 투자를 한다든지 양질의 우량 주식을 구매해서 묻어둔다든지 하는 방식으로 돈을 불리는 경우였다.

사장학을 강의하는 김승호 대표는 "돈도 사람과 같이 감정을 가진 하나의 인격체로 받아들일 수 있어야 돈을 벌 수 있다"고 말한다. 작은 돈을 함부로 다루는 사람은 큰돈도 모으기 어렵기 마련이다. 젊을 때 뚜렷한 경제적 관념을 세우는 것은 평생 돈 고생을 막아주는 훌륭한 방패가 될 수 있다. 자신의 경제관념이 어느 정도로 탄탄한지 알고 싶은가? 지금부터라도 다음과 같은 질문들을 스스로에게 던지고 대답해 보자.

"나에게 돈이란 무엇인가? 나는 얼마를 벌고 싶은가? 돈을 벌려고 하는 궁극적인 목적은 무엇인가? 내가 돈을 벌 수 있는 최적의 방법으로는 무엇이 있나? 돈이 나에게 돌아올 수 있는 시스템을 구축하려면 어떻게 해야 하는가? 부자가 된다면 그 돈으로 무엇을 하려는 건가? 돈은 어떻게 써야 좋은 것인가?"

심리학+

#불가근불가원[不可近不可遠]

가까이할 수도 멀리할 수도 없음을 이르는 말. 사람과의 관계에서 너무 가깝지도 말고, 너무 멀지도 않게 적당한 관계를 유지하는 것이 살아가는 데 도움이 된다는 뜻이다. 돈도 마찬가지가 아닐까.

삶의 기로에서 흔들리지 않는 법

하나를 보면
열을 안다고?

인터넷 서점에서 도서 정보를 검색하다
가 한 서평 코너를 들여다보게 됐다. 개인적으로 마음에 안 드
는 한 베스트셀러에 대한 서평이었다. 서평 몇 개가 고작인 내
책에 비해 수십 개 이상의 서평이 달려있어서 질투심마저 들
었다. 독자들은 이 책을 어떻게 평가하고 있는지 문득 궁금해
졌다.

눈에 들어오는 비판적인 제목의 서평이 있어서 그것부터
읽었다. '정말 아무 내용도 없는 쓰레기 같은 책'이라는 혹평
으로 시작하고 있었다. 공감되는 마음에 웃음이 났다. 그런데
그가 내린 결론을 보고는 깜짝 놀랐다.

Chapter 6 **선택 심리학**

'이런 종류의 실용 서적에는 아무 내용이 없다는 깨달음을 얻고 다시는 이런 도서를 읽지 않겠다고 다짐했다'고 적혀있 었기 때문이다. 그리고 이런 맹세를 하게 해준 이 책의 저자에 게 고맙다는 냉소적인 인사말까지 덧붙여 있었다.

문득 궁금했다. '어째서 사람들은 책 한 권으로 모든 걸 다 뽑아내길 기대하는 걸까?' 물론 저자를 욕하거나 비판할 수는 있다. 독자의 당연한 권리다. 그렇다고 다시는 책을 읽지 않겠 다니. 이것이야말로 스스로를 망치는 완벽한 자해 행위가 아 닌가.

의도 확대의 오류

우리는 일상적으로 이런 판단 오류를 쉽게 범한다. 예를 들 어, '어떤 책을 읽어봤는데 내용이 별로더라. 그러니 책 같은 것은 읽을 필요가 없다'는 식으로 지극히 비논리적인 결론에 도달하는 경우를 종종 본다. 연애할 때 나쁜 남자 혹은 여자를 한 번 만나고, 사람들은 상종하지 못할 존재라고 단정하고 세 상과의 벽을 쌓는 식이다. 이는 자기가 경험한 것, 자기 눈에 보이고, 자기에게 좋아 보이는 것만 믿겠다는 편견에게 비롯된 오류인 경우가 많다.

이를 '의도 확대의 오류'라고 한다. 의도하지 않은 결과에 대해 의도(意圖)가 작용했다고 보는 오류다. '북한의 김정은이 농구를 좋아하니까 농구를 좋아하면 빨갱이다'라는 식의 오류다. 말도 안 되는 논리라는 것을 알면서도 이런 논리를 정치적으로 활용하는 경우도 많다. 좌파, 우파로 몰아서 상대방을 코너로 몰아가는 것이다. 일부 언론들은 이런 오류를 의도적으로 활용한다. 예를 들어, 대통령이 바뀌어 집값이 오르게 되면 대통령이 집값을 올리려고 작당을 했다든지 하는 식으로 특정한 상황을 대통령 탓으로 돌리며 자신의 지지 여부에 따라 정부를 뒤흔드는 방식이다.

개인도 마찬가지다. 담배 피는 사람들에게 '담배 피면 폐병에 걸린다고 하는데, 도대체 왜 폐병에 걸리려고 애쓰는지 모르겠다'고 말하는 식이다. 술 마시는 사람들에게는 '술 마시면 간암에 걸린다는데, 도대체 왜 간암에 걸리려고 발악을 하는지 모르겠다'고 잔소리한다. 어떤 어른들은 '너, 게임 그렇게 많이 하면 거지된다. 도대체 왜 거지가 되려고 그러는지 모르겠네'라고 역정을 낸다. 그러나 거지가 되기 위해 게임을 하거나, 간암에 걸리기 위해 술을 마시는 경우는 누구도 없을 것이다. 그런 억지 논리로는 상대를 설득할 수 없다.

스스로 상대를 오해하는 경우도 많다. 예를 들어, 버스나 지하철을 탔는데 상대가 자신을 의도적으로 밀친다는 느낌이 들 때 불쾌감이 일어날 수 있다. 그래서 벌컥 화라도 내고 싶을 때가 있다. 그런데 이럴 때일수록 주변 상황을 둘러봐야 한다. 만일 그 시간이 출퇴근 시간으로 대중교통에서 몸을 움직일 수 없을 정도로 붐비고 있다면 상대가 의도적으로 자신을 밀치는 것이 아닐 수 있다. 게다가 그가 짐을 들고 있거나 백팩을 매고 있다면 상대에게 몸이 닿았다는 사실조차 감지하지 못했을 수도 있다.

차분히 현실을 파악하라

이런 의도 확대의 오류를 벗어나려면 어떻게 해야 할까.

첫째, 하나의 상황만 보고 판단하는 오류를 벗어나야 한다. 예를 들어, 마음에 안 드는 책 한두 권 읽고는 책은 읽을 만한 것이 못 된다고 판단하는 오류를 범해서는 안 된다. 친구에게 배신당했다고 모든 친구를 배신할 사람으로 봐서도 안 된다. 직장 동료에게 상처를 받았다고 직장 사람들은 모두 못 믿을 존재라고 확대 해석하는 오류를 범해서도 안 될 일이다. 나쁜 사람을 봐야 좋은 사람도 구분할 수 있는 능력이 생기기 마련이다. 당장에 상처가 있는 사람으로서는 쉽지 않겠지만 마음의 문을 닫지 않고 열어두는 용기가 필요하다.

둘째, 마음을 가라앉혀야 한다. 흥분할수록 이런 종류의 실수를 범하기 더 쉽다. 화가 난다면 자신의 감정부터 들여다볼 수 있어야 한다. 혹시 시험 준비나 과제물로 인한 스트레스는 없었는지, 친구나 가족이나 직장 동료와의 트러블로 불편함이 남아있지는 않은지 살펴야 한다. 분노의 원인은 상대보다 내 안에 있는 경우가 더 많다. 지나가던 사람과 부딪혔을 때도 그렇다. 나를 화나게 하려고 부딪힌 것이 아닌데, 상대를 붙들고 '왜 가만히 있는 사람에게 시비 거느냐'고 한다면 내 안에 있던 분노가 어떤 사건으로 촉발해 점화된 것일 수 있다. 대중교통에서 누군가 나를 밀치는 듯한 불쾌감이 들 때는 마음을 편히 먹고 살짝만 내 위치를 바꿔도 상황이 나아진다.

셋째, 자존감을 높여야 한다. 대개 폭발하려는 감정이 들 때는 누군가 자신의 열등감을 건드리기 때문일 수 있다. 열등감 콤플렉스는 올바른 판단을 가로막는다. 술집에서 술을 시켰다면 신분증을 보자고 할 수도 있다. 그런데 "도대체 날 뭘로 보느냐?"며 화를 내는 사람들이 있다. 이런 비슷한 종류의 경험이 있다면 내 안의 열등감부터 살펴야 한다.

반대로 누가 자신에게 미소만 지어도 자신을 좋아한다고 오해하는 사람들이 있다. 그런 사람일수록 가족이나 친구로부터 받지 못한 사랑을 받으려고 애쓰는 것은 아닌지 생각해 봐야 한다.

살아가다 보면 어떤 상대와 기분 안 좋은 상황에 부딪히게 될 때가 있다. 그럴 때 상대가 자신을 해하려는 나쁜 의도로 그렇게 했다기보다는 우연적인 요소로 발생했을 뿐이라고 받아들이는 것이 정신 건강에 좋다. 그럴 때는 잠시 호흡을 멈추고 '스마일' 하며 웃어보자. 사람들의 말과 행동에 휘둘리지 않으려면 스스로를 이해하고 존중하는 자존감을 높여야 한다.

심리학+

#과잉일반화

한두 번의 사건에 근거하여 일반적인 결론을 내리고 무관한 상황에도 그 결론을 적용시키는 오류. 부모의 잔소리 때문에 시험을 망쳤다든지, 애인과 한두 번 헤어졌다고 나는 평생 사랑받을 수 없다고 생각하거나 모든 사람은 믿을 수 없다고 하는 식의 사고가 과잉일반화의 오류다.

예뻐지고 싶다는
말에 담긴 진심

집단 상담 수업 중 한 신입생이 방학 때 성형을 해야 할지 말아야 할지 고민이라고 털어놓았다. 미리 안 해두면 나중에 취업하기 불리하다는 말을 들었기 때문이란다. 그래서 이번 방학에 수술을 해볼까 고민하던 차에 공개적으로 의견을 들어보고 싶다고 했다.

"저는 원래 성형 수술에 관심이 많아요. 반대하는 사람들도 있지만 솔직히 말해 저는 하고 싶어요. 주변에도 성형하는 사람들이 엄청 많거든요. 그런데 한편으로 무섭기도 하고 두렵기도 해서 어쩔까 고민이에요."

이에 대해 다른 학생들은 어떤 답변을 내놓았을까?

- 사람이 가식적으로 변하는 것 같습니다

  "사촌 언니가 성형 수술을 했습니다. 쌍꺼풀 수술을 하고 난 뒤 많이 예뻐졌는데요. 외모뿐만 아니라 심리적으로도 많이 달라진 것 같았어요. 그 뒤부터 더 잘 꾸미고, 더 당당해지고, 더 자신감이 생긴 것 같아요. 멋진 남자 친구도 생겼고요. 그럼에도 저는 성형에 반대하고 싶습니다. 왠지 언니가 부자연스럽고 어색해 보이거든요. 실제로 언니의 모든 행동이 가식적으로 느껴질 때가 많아요."

- 개성이 사라지므로 반대합니다

  "저도 주변에 성형한 친구들이 많은데요. 이미지뿐만 아니라 행동도 바뀌더군요. 저 역시 자신의 개성을 살리는 게 외모보다 중요하다고 생각합니다. 본인 이미지에 충실하고 자기 표현을 잘하는 게 더 중요하지 않을까요."

- 콤플렉스가 심하지 않다면 굳이 하지 않았으면 하는 바람입니다

  "제 주변에도 성형한 사람들 많습니다. 그런데 한결같이 개성이 사라진 느낌입니다. 저도 삐뚤어진 제 눈썹이 싫습니다. 하지만 어느 순간 이것도 하나의 개성으로 받아들이기로 마음먹었습니다. 무엇

보다도 스스로 자신감을 가지는 게 더 중요할 것 같습니다."

- 반대는 하고 싶지 않습니다

"저는 이곳에서는 학생이지만, 동시에 자식을 둔 학부형이기도 합니다. 제 눈에 우리 아이는 한없이 예쁘게만 보이죠. 그럼에도 가끔은 '눈이 조금만 크면 더 예쁠 텐데' 하는 욕심이 들 때가 있어요. 부모로서 어딘가 부족해 보이는 부분을 가꿔주고 싶은 욕심이 있는 거죠. 그런데 한번은 일곱 살짜리 딸아이가 성형해 달라고 말해서 너무 놀랐어요. 그런데 그 마음이 이해도 갑니다. 보시다시피 저는 키도 작고 그다지 예쁘지도 않죠. 그래서 어릴 때부터 항상 '외모 때문에 대접을 못 받는다'는 느낌을 받아왔거든요. 실제로 외모를 따지는 게 현실인 것 같기도 하고요.

다만, 그럼에도 생각해 봐야 할 건 눈 하나 코 하나 고친다고 정말 예뻐질까요? 또한 성형에는 경제적 여력도 중요합니다. 솔직히 말해 경제적으로 여건만 된다면 권하고 싶은 마음도 있습니다. 한 아이의 부모가 되고 나니 더 그렇게 느끼는 것 같습니다."

명쾌한 답변들이다. 수업을 하다 보면 교수인 내가 봐도 놀랄 만한 학생들의 이야기가 적잖다. 즉흥적인 상담에 즉각적인 답변을 해야 하므로 오히려 내 쪽에서 정리되지 않은 답변을 내놓을까 봐 더 집중한다. 나 역시 꾸미지 않고 최대한 솔직하게 답변하려고 노력한다. 그때 내가 학생들에게 들려준 이야기를 떠올리며 정리해 봤다.

"사실 저도 나이가 들면서 머리카락이 많이 빠져서 스트레스가 이만저만이 아니었어요. 여러분 나이일 때는 생각도 안 했던 고민이었죠. 수술을 해볼까 고민해 본 적도 있습니다. 그런데 저는 성형을 하고 안 하고는 중요하지 않다고 생각합니다. 중요한 건 그 사람이 가진 마인드라는 생각 때문입니다.

성형외과의 출신의 심리학자이자 상담가 맥스웰 몰츠라는 분이 있습니다. 이 분은 아무리 외모를 고친다 한들 정작 마음의 문제를 치료하지 않으면 성형을 하더라도 심리적 상처가 그대로 남는다는 사실을 알게 됐죠.

따라서 '왜 성형을 하려고 하는지? 나의 어떤 부분이 모자란다고 생각하는지? 신체적 핸디캡을 극복해서 근본적으로 얻고자 하는 바가 무엇인지?' 등의 의문을 먼저 가져보는 것이 중요할 듯합니다.

지금 고민을 토로한 학생은 '취업 때문에 성형을 하고 싶다'고 말했습니다. 그렇다면 '취업을 위해 가장 중요한 건 무엇일까? 성공적인 취업을 위해 갖춰야 할 근본적인 역량은 무엇일까?'라는 질문부터 먼저 던져야 하지 않을까요? 그렇게 질문의 해답을 찾아가다 보면 취업 준비를 위해 진짜 필요한 건 외모보다는 경험이나 실력 같은 직무 역량을 갖추는 것이라는 사실을 깨닫게 되지 않을까요."

진짜 바꾸고 싶은 것은 무엇인가?

성형에 만족하지 못하고 계속해서 성형을 반복해 몸을 망치는 사례는 국내뿐만 아니라 해외 사례도 많다. 왜 이들은 성형 중독에 빠지는 것일까? 그들은 성형을 하고 나서 "와, 예뻐졌네" "분위기가 확 달라졌는데!" 같은 칭찬을 들었을 때의 전율을 잊지 못한다고 한다. 그 만족감에 도취돼 다시 수술을 하고 싶은 충동에 빠져든다.

성형 충동의 치료법은 의외로 간단하다. 바로 거울을 이용한 자신과의 대화법이다. 이것은 거울 앞에 서서 얼굴의 여러 부분을 하나하나씩 바라보면서 자신에게 말을 건네는 것이다.

예를 들어 코가 이상하다고 생각되면 눈을 보면서, 눈이 마음에 들지 않으면 귀를 보면서, 내 눈·코·입·피부 등의 긍정적인 면을 이야기하며 칭찬하는 것이다.

성형 수술에 관심을 가지는 것 자체를 비난하기는 어려운 시대다. 다만, 자신도 모르게 성형에 지나친 관심이 간다면 스스로를 보다 전체적으로 바라보려는 노력이 필요하다. 외모의 한 부분에만 치중하지 말고 자신을 전체적으로 봐야 한다. 내게 어떤 개성이 있는지, 나의 본질적인 가치는 무엇인지, 인생에서 이루고자 하는 목표를 잊지 않고 살피는 노력이 필요하다. 다시 말해, 눈에 보이는 외적인 성형 전에, 눈에는 잘 보이지 않지만 근본적인 변화를 일으킬 수 있는 내적인 성형에 더 마음을 써야 하는 것이다.

심리학+

#신체 변형 장애

외모에 지나치게 집착하고 강박적인 행동을 보이는 강박 장애의 하위 유형. 과거에는 신체 결함에 대한 불구 공포증으로 불렸다. 마음에 들지 않는 자신의 외모에 지나치게 집착해 걱정하는 증상을 보인다. 대개 타인이 알아보기 힘들 정도의 미미한 정도의 신체적 결함인 경우가 많으나 정작 본인은 그것이 마음의 문제라는 사실을 인정하지 않는 경우가 많다.

내 인생이 꼬인 건
잘못된 선택 탓일까?

　　인생은 선택의 연속이다. 어떤 사람들은 '지금의 나는 지금까지 해온 선택의 합이다'라고 말하며 선택의 중요성을 강조한다. 우리는 살아가면서 때로는 중요한 선택, 때로는 사소한 선택 앞에 놓이기 마련이다. 날마다 먹는 음식 종류 정도는 잘못 선택했다고 해도 그리 큰 문제가 없을 것이다. 하지만 크고 작은 선택의 결과가 오늘의 나를 만든다는 말을 생각해 보자. 그러면 쉽게 선택할 수 없는 문제들이 많아진다.

　　자신이 선택한 결과가 좋았을 때는 불만이 없다. 문제는 결과가 좋지 못했을 때다. 이때 많은 사람들이 잘못을 선택 탓으로 돌리는 경향이 있다. '내 인생이 이렇게 망가진 건 그때의 어떤 선택 때문'이라는 주장이다. 그러나 이런 항변은 대개 핑계인 경우가 많다. 모든 게 자신의 잘못이 아닌 어떤 선택의 결과 때문이라고 자기 합리화를 하는 것이다. 그런 사람들에게 영화의 한 대사처럼 "그것은 비겁한 변명입니다!"라고 외치고 싶다.

예를 들어, 고등학교 때 공부를 열심히 안 해서 좋은 대학에 못 갔다고 아쉬워하는 학생을 보자. 어떠어떠한 이유로 수능 점수를 망쳤다든지, 이러저러한 이유로 어쩔 수 없이 이 진로를 선택했다든지, 선생님의 권유로 수시를 선택해서 정시를 망치게 됐다든지, 부모님의 강요 때문에 어쩔 수 없이 특정 대학이나 특정 학과로 잘못 선택하게 됐다고 불평하는 학생들이 종종 있다.

이런 말속에는 자기 스스로 더 좋은 결과를 만들어 낼 수 있다는 믿음이 숨겨져 있다. 물론 이건 문제가 안 된다. 누구나 과거를 아쉬워할 수 있다. 그렇게 아쉽다면 지금부터라도 더 좋은 결과를 만들기 위해 열심히 준비해서 다시 도전하면 된다. 경우에 따라 더 좋은 대학에 다시 도전할 수도 있고, 아니면 현재 있는 대학에서 열심히 노력해서 더 좋은 결과를 만들어 내는 방법도 있다.

선택 자체보다 중요한 것

그러나 대부분 사람들은 현재 상황에서 개선하려는 행동을 취하지 않는다. 사실 중요한 것은 태도다. 이런 상황을 부정적으로 받아들이느냐, 긍정적으로 초점을 맞추느냐에 따라 전혀 다른 결과가 생길 수 있기 때문이다. 이런 경우에 겉으로는 비슷해 보이는 두 학생이라도 그 자신이 가진 마인드에 따라 결과는 전혀 달라질 수 있다.

"지금 내가 다니는 대학은 좋은 대학이 아니라서 좋은 교수진이나 교육 시스템, 좋은 친구들이나 환경이 뒷받침되지 않아. 공부하고 싶은 마음이 안 생긴단 말이야."

이렇게 불평하는 학생들이 있다. 그런 친구들은 졸업할 때까지 후회만 늘어놓는 경향이 있다. 이런 태도로는 좋은 기업에 입사하기가 힘들다. 기업들은 자신의 과거를 부정하는 사람을 선호하지 않기 때문이다. 자신이 다닌 대학조차 좋아하지 않는 사람이니, 자신이 다니게 될 회사도 좋아하지 않을 수 있다고 판단하기 때문이다.

아무리 완벽해 보이는 대기업이라도 막상 그 안에서 들여다보면 허술한 부분이 보이기 마련이다. 게다가 자신의 현재를 부정하는 사람은 미래도 부정할 가능성이 크다. 결국 입사를 하더라도 직장 생활에 만족하지 못하고 퇴사할 가능성이 큰 것이다. 그렇기에 회사 측에서는 그런 부정적 사람의 채용 자체를 꺼릴 수밖에 없다.

그러다 보니 이들은 취업 시기도 다른 친구들에 비해서 늦어지기 쉽다. 그럼에도 자신이 좋은 곳에 취업하지 못하는 이유는 좋은 대학을 선택하지 못한 과거에 있다고 한탄한다. 만일 그런 상태로 직장에 들어간다면 어떻게 될까. 자신이 원했던 기업이 아니었다며 열심히 일하지 않으려 한다. 주변 사람들과의 관계도 불편하다. 요즘은 자신이 원하지 않았던 조직에서 원하지 않았던 사람들과 관계하며 살아갈 가능성이 높은 시대인 데도 자신이 원했던 직장, 원했던 사람들이 아니었다고 불평만 하는 것이다. 자신이 원했던 직업이나 직무도 아니었고, 자신이 원했던 보수나 조건이 아니어서 열심히 일할 마음이 안 든다고 하소연한다. 자신도 좋아하는 일을 했더라면 성공한 사람들처럼 열정적으로 일했을 것이라고 말이다.

이렇게 잘못된 결과를 선택 탓으로만 돌리는 사람은 자기가 벌인 일을 스스로 책임지지 않으려 든다. 물론 잘못된 선택이 위험을 불러오는 경우도 있다. 그러나 우리가 초점을 맞춰야 할 부분은 과거의 선택이 아니다. 오늘, 현재, 지금 이 순간의 선택이다.

미래의 나는 오늘의 내가 만든다

과거의 선택만 바라보는 관점을 닫힌 시선이라고 한다면, 현재의 선택에 초점을 맞추며 현재 발생하는 문제를 해결하는 관점은 열린 시선이라고 할 수 있다. 우리는 현재의 상황을 어떻게 가늠하고 대처해 나갈지에 대해 열린 시선을 고수해야 한다.

지방의 한 사립대 법학과를 졸업하고 서울 신림동으로 올라와 5~6년간 사법 고시에만 매달렸으나 결국 실패한 학생이 있었다. 잘못된 선택이었다고 생각하고 뒤늦게 취업 전선에 뛰어들었다. 하지만 나이가 많아 받아 주는 곳이 없었다. 할 수 없이 그는 창업을 선택했다. 큰맘 먹고 시작한 사업은 얼마 가지 않아 실패로 돌아갔다. 또다시 실패한 선택이었다. 그래도 그는 좌절하지 않았다. 사업하는 동안 만난 다른 사업가를 통해 조그만 회사에 들어갔다. 박봉으로 시작한 직장 생활이었지만, 열심히 일을 해 회사를 몇 배로 키우고 부사장으로 승진도 했으며 대학 교수로까지 성장했다. '인재교육연구소' 권오관 공동 대표의 성공 스토리다. 이제 그는 독립해 청년들에게 꿈과 희망을 불어넣는 희망 메신저가 됐다.

나 역시도 잘못된 선택의 연속이었다. 대학 졸업 뒤 방송국이라는 허울 좋은 직장에 들어갔으나 프로덕션 소속의 외주 기자로 사실상 껍데기밖에 없는 초라한 직무였다. 하지만 그곳에서 최선을 다했다. 그 뒤 외국계 회사, 무역 회사, 벤처 기업 등을 전전하며 잘못된 선택의 실패가 이어졌다. 전 재산을 다 잃기도 했다. 그래도 그 속에서도 기회를 찾으려고 부지런히 노력했다. 그러자 잘하는 분야가 생겼고 어느 순간 전문가라는 호칭도 얻게 됐다.

가끔 개명을 하는 사람들이 있다. 단순히 이름 그 자체가 마음에 들지 않아 고치는 거야 뭐라 하겠는가. 개똥이나 말순이나 끝녀이나 이런 이름은 좀 너무하지 않은가. 다만, 이름이 나빠서 운이 풀리지 않는다는 생각에 미치게 된다면 이건 문제가 될 수 있다. 고작 이름 하나 때문에 잘못된 운명으로 빠져들었다는 말인가. 작명가들에게는 미안하지만 나는 참으로 위험한 발상이라고 생각한다.

인간의 운명은 정해진 것이 아니다. 설령 일정 부분 정해졌다고 하더라도 그 나머지는 살아가면서 얼마든지 개척할 수 있다. 그럼에도 스스로를 운명의 손아귀 안에 내주고 싶다면 그렇게 하라. 그렇다면 그는 자신이 둘러놓은 운명의 지배를 결코 벗어나지 못할 것이다.

우리는 결코 잘못된 선택의 총합이 아니다. 원하는 모습으로 살아가고 있지 못한 지금의 잘못을 선택의 잘못으로만 돌리려는 어리석음을 범하지 말자. 만일 잘못된 선택 때문이라는 생각이 든다면 지금이라도 바로잡으면 된다. 그러기 위해서는 자신의 힘을 믿어야 한다. 미래의 나는 과거가 아닌 오늘의 내 행동이 만든다는 사실을 굳건히 믿어야 한다. '어떠한 선택을 하든 스스로 책임지겠다'는 단호한 마음가짐이야말로 스스로 운명을 만들어 가는 훌륭한 인생 지침이 아닐까.

심리학+

#스톡데일 패러독스

비관적인 현실을 직시하고 인정하면서도 현재의 어려움을 극복하고 장래에 좋은 결과를 얻을 수 있을 것이라는 합리적 낙관주의. 경영학자 짐 콜린스가 위대한 기업의 공통점을 찾다가 하노이 수용소에서 살아서 돌아온 짐 스톡데일 장군을 만나면서 그 해답을 찾았다. 성공한 사람이나 기업은 원대한 꿈을 품고 있지만 냉혹한 현실을 직시하고 인정하며, 현재의 역경을 극복하고 결국에는 성공하고 말 것이라는 합리적 낙관주의를 품고 있더라는 것이다.

David Keirsey 외, 『나의 모습 나의 얼굴』, 한국심리검사연구소

듀에인 슐츠, 『성장심리학』, 이화여대출판부

로렌 슬레이터, 『스키너의 심리상자 열기』, 에코의서재

로버트 그린, 『전쟁의 기술』, 웅진지식하우스

빅터 프랭클, 『죽음의 수용소에서』, 청아출판

앤서니 라빈스, 『네 안에 잠든 거인을 깨워라』, 씨앗을 뿌리는 사람

오그 만디노, 『아카바의 선물』, 학일출판사

오제은, 『오제은의 자기사랑노트』, 도서출판 샨티

이동귀, 『너 이런 심리법칙 알아?』, 21세기북스

이무석, 『정신분석에로의 초대』, 도서출판 이유

EBS 아이의 사생활 제작팀, 『아이의 사생활』, 지식채널

조성호, 『경계선 성격장애』, 학지사

George H. Reavis, 비도서자료: *The Animal School, Crystal Books*, 1999.

정철상, 『대한민국 진로백서』, 중앙경제평론사

캘빈 S. 홀, 『융 심리학 입문』, 문예출판사

캘빈 S. 홀, 『프로이트 심리학』, 문예출판사

하워드 슐츠, 『스타벅스, 커피 한잔에 담긴 성공신화』, 김영사

히로나카 헤이스케, 『학문의 즐거움』, 김영사

KI신서 9011

아보카도 심리학

1판 1쇄 인쇄 2020년 4월 6일
1판 1쇄 발행 2020년 4월 21일

지은이 정철상
펴낸이 김영곤
펴낸곳 (주)북이십일 21세기북스

출판사업본부장 정지은
뉴미디어사업팀장 조유진 **뉴미디어사업팀** 이지연 나다영
디자인 강수진
영업본부 이사 안형태 **영업본부장** 한충희
출판영업팀 김수현 오서영 최명열
마케팅팀 배상현 김윤희 이현진
제작팀 이영민 권경민

출판등록 2000년 5월 6일 제406-2003-061호
주소 (10881) 경기도 파주시 회동길 201(문발동)
대표전화 031-955-2100 **팩스** 031-955-2151 **이메일** book21@book21.co.kr

(주)북이십일 경계를 허무는 콘텐츠 리더

21세기북스 채널에서 도서 정보와 다양한 영상자료, 이벤트를 만나세요!

페이스북 facebook.com/jiinpill21   **포스트** post.naver.com/21c_editors
인스타그램 instagram.com/jiinpill21   **홈페이지** www.book21.com
유튜브 youtube.com/book21pub

서울대 가지 않아도 들을 수 있는 명강의! 〈서가명강〉
유튜브, 네이버, 팟빵, 팟캐스트에서 '서가명강'을 검색해보세요!

ⓒ 정철상, 2020
ISBN 978-89-509-8693-3 03320